L'autore

I0154848

Aurelio Agostino d'Ippona (latino: Aurelius Augustinus Hipponensis; Tagaste, 13 novembre 354 – Ippona, 28 agosto 430) è stato un filosofo, vescovo e teologo latino.

Padre, dottore e santo della Chiesa cattolica, dove è conosciuto semplicemente come sant'Agostino, è detto anche Doctor Gratiae ("Dottore della Grazia"). Secondo Antonio Livi, filosofo, editore e saggista italiano di orientamento cattolico, è stato «il massimo pensatore cristiano del primo millennio e certamente anche uno dei più grandi geni dell'umanità in assoluto».

L'opera, datata tra il 393 e il 394, è un commentario sistematico al Discorso della Montagna secondo Matteo; l'unico nella produzione letteraria dei primi secoli del cristianesimo. Uno degli aspetti più originali di quest'opera è lo schema settenario che include beatitudini, doni dello Spirito e petizioni del Padre Nostro. Da queste pagine emerge nitida la preoccupazione di Agostino di rispondere alle finalità proprie della retorica classica: offrire un testo formale elegante e godibile e nello stesso tempo offrire un cibo spirituale nutriente ai destinatari dell'opera. Come tutti i volumi della stessa collana, anche quest'opera contiene una ricca introduzione al testo che sottolinea gli aspetti più importanti dell'opera esegetica di Agostino in generale e del Discorso in particolare.

IL DISCORSO DEL SIGNORE SULLA MONTAGNA

Agostino d'Ippona

LIBRO PUBBLICATO DA
LIMOVIA.NET

TWITTER:
@EBOOKLIMOVIA

ISBN: 978-1-78336-236-3

BEATITUDINI

Vedendo le folle, Gesù salì sulla montagna e, messosi a sedere, gli si avvicinarono i suoi discepoli. Prendendo allora la parola, li ammaestrava dicendo:

«Beati i poveri in spirito,
perché di essi è il regno dei cieli.
Beati gli afflitti,
perché saranno consolati.
Beati i miti,
perché erediteranno la terra.
Beati quelli che hanno fame e sete della giustizia,
perché saranno saziati.
Beati i misericordiosi,
perché troveranno misericordia.
Beati i puri di cuore,
perché vedranno Dio.
Beati gli operatori di pace,
perché saranno chiamati figli di Dio.
Beati i perseguitati per causa della giustizia,
perché di essi è il regno dei cieli.
Beati voi quando vi insulteranno, vi perseguiteranno e, mentendo, diranno ogni sorta di male contro di voi per causa mia.
Rallegratevi ed esultate, perché grande è la vostra ricompensa nei cieli. Così infatti hanno perseguitato i profeti prima di voi.

LIBRO PRIMO

PRECETTI CHE ATTENGONO A REGOLARE LA VITA

Spiegazione delle beatitudini (1, 1 - 5, 15)

Il valore del Discorso sul monte.

1. 1. Se qualcuno esaminerà con fede e serietà il discorso che nostro Signore Gesù Cristo ha proferito sulla montagna, come lo leggiamo nel Vangelo di Matteo, penso che vi riscontrerà la norma definitiva della vita cristiana per quanto attiene a un'ottima moralità. Non osiamo affermarlo alla leggera, ma lo deriviamo dalle parole stesse del Signore. Difatti il discorso si conchiude ad evidenziare che in esso vi sono tutti i precetti che attengono a regolare la vita. Dice infatti: Riterrò simile chiunque ascolta queste mie parole e le mette in pratica a un uomo saggio che costruì la propria casa sulla roccia. Scese la pioggia, straripparono i fiumi, soffiarono i venti e si abbatterono su quella casa ed essa non cadde perché era fondata sulla roccia. Riterrò poi chiunque ascolta queste mie parole e non le mette in pratica simile a un uomo stolto che costruì la propria casa sulla sabbia. Scese la pioggia, straripparono i fiumi, soffiarono i venti e si abbatterono su quella casa ed essa rovinò e

fu grande la sua rovina 1. Non ha detto soltanto: chi ascolta le mie parole, ma ha aggiunto: chi ascolta queste mie parole. Quindi, come ritengo, le parole che ha rivolto stando sul monte educano tanto efficacemente la vita di coloro che intendono viverle che essi sono paragonati a chi costruisce sulla roccia. Ho espresso questo pensiero affinché appaia che il discorso è al completo di tutte le norme dalle quali è regolata la vita cristiana. A suo luogo si tratterà di questo argomento più esaurientemente.

Simbolismo del monte.

1. 2. Ora l'inizio di questo discorso è enunciato con le parole: Avendo visto una grande folla, salì sul monte ed essendosi seduto, gli si avvicinarono i suoi discepoli e prendendo la parola li ammaestrava dicendo 2. Se si chiede che cosa simboleggia il monte, è buona l'interpretazione che simboleggi i più grandi precetti dell'onestà perché gli inferiori erano quelli che erano stati trasmessi ai Giudei. Tuttavia l'unico Dio, mediante i suoi santi profeti e ministri, secondo l'ordinatissima distribuzione dei tempi, ha dato precetti inferiori al popolo che era opportuno tenere ancora avvinto dal timore e, mediante il suo Figlio, i più alti al popolo che conveniva fosse reso libero nella carità. Poiché son dati ordinamenti più piccoli ai più piccoli e più grandi ai più grandi, son dati da lui perché egli soltanto sa offrire al genere

umano la cura propria ai relativi tempi. E non c'è da meravigliarsi che sono dati ordinamenti più grandi per il regno del cielo e che sono stati dati più piccoli per il regno della terra dall'unico e medesimo Dio che ha creato il cielo e la terra. Di questa giustizia che è più alta si ha un detto del Profeta: La tua giustizia come i monti di Dio 3; e questo pensiero simboleggia convenientemente che dall'unico Maestro 4, il solo idoneo a insegnare tante verità, s'insegna sul monte. Inoltre insegna seduto perché attiene alla dignità del Maestro. Si avvicinano a lui i suoi discepoli affinché ad ascoltare le sue parole fossero più vicini col corpo coloro che aderivano più da vicino con lo spirito nell'osservare i precetti. Prese la parola e insegnava loro dicendo 5. La perifrasi con cui dice: e prendendo la parola con la riserva stessa fa pensare che il discorso sarebbe stato un po' più lungo, a meno che forse l'aver detto che ora egli ha preso la parola non includa che egli stesso nel Vecchio Testamento era solito disporre a parlare i profeti.

I poveri in spirito contro la superbia.

1. 3. Ma ascoltiamo quel che dice: Beati i poveri di spirito, perché di essi è il regno dei cieli 6. Troviamo scritto sul desiderio dei beni della terra: Sono tutti vanità e presunzione dello spirito 7. Ora la presunzione dello spirito significa arroganza e superbia. Di solito si dice anche che i superbi hanno

un grande spirito e giustamente perché talora anche il vento viene denominato spirito. Si ha infatti nella Scrittura: Il fuoco, la grandine, la neve, il gelo, il vento di tempesta 8. Chi potrebbe ignorare che i superbi sono considerati gonfiati come se siano dilatati dal vento. V'è infatti anche il detto dell'Apostolo: La scienza gonfia, la carità edifica 9. Perciò giustamente nel passo sono indicati come poveri di spirito gli umili e quelli che temono Dio, che non hanno cioè uno spirito che gonfia. E non doveva assolutamente avere inizio d'altra parte la beatitudine perché dovrà giungere alla somma sapienza. Infatti inizio della sapienza è il timore del Signore 10, perché al contrario inizio di ogni peccato è la superbia 11. I superbi dunque desiderino e amino i regni della terra; ma beati i poveri di spirito, perché di essi è il regno dei cieli 12.

I mansueti e la terra.

2. 4. Beati i miti, perché avranno in eredità la terra 13, credo quella terra della quale si dice nei Salmi: Sei tu la mia speranza, il mio retaggio nella terra dei viventi 14. Simboleggia infatti una certa solidità e stabilità della eredità perenne, perché in essa l'anima mediante un buon sentimento riposa come in una propria dimensione allo stesso modo che il corpo sulla terra e da essa si nutre come d'un proprio cibo come il corpo dalla terra. Ed essa è il riposo e la vita

dei santi. Sono miti quindi coloro che non acconsentono alla malvagità e non resistono al male ma vincono il male col bene 15. Litighino dunque i violenti e lottino per i beni della terra e del tempo, ma beati i miti, perché avranno in eredità la terra 16, quella da cui non possono esser espulsi.

Il pianto e la consolazione.

2. 5. Beati coloro che piangono perché saranno consolati 17. Il pianto è la tristezza per la perdita dei cari. Voltisi a Dio pèrdono quei beni, amati in questo mondo e che stringevano in un amplesso. Infatti non godono più di quelle cose, di cui prima godevano e fino a che non si produce in loro l'amore dei beni eterni sono addolorati da una certa mestizia. Saranno dunque consolati dallo Spirito Santo che soprattutto per questo è detto il Paraclito, cioè consolatore, affinché nel perdere la gioia nel tempo godano di quella eterna.

Fame e sete della virtù.

2. 6. Beati quelli che hanno fame e sete della virtù, perché saranno saziati 18. Qui afferma che essi amano il bene vero e inamissibile. Saranno dunque saziati di quel cibo, di cui il Signore stesso dice: Mio cibo è fare la volontà del Padre mio 19, e questo è virtù; e l'acqua è quella da cui, per chiunque la berrà,

come egli stesso dice, scaturirà in lui una sorgente che zampilla alla vita eterna 20.

Soccorrere ed essere soccorsi.

2. 7. Beati i misericordiosi, perché di loro si avrà misericordia 21. Dice beati quelli che soccorrono gli infelici poiché a loro sarà dato in contraccambio di essere liberati dalla infelicità.

Il cuore puro e la visione di Dio.

2. 8. Beati quelli dal cuore puro perché vedranno Dio 22. Sono dunque molto stolti quelli che cercano Dio con gli occhi del corpo, poiché si vede col cuore, come è scritto in un altro passo:Cercatelo nella semplicità del cuore 23. Difatti un cuore puro è lo stesso che un cuore semplice. E come la luce del giorno si può vedere soltanto con gli occhi puri, così neanche Dio si vede se non è pura la facoltà con cui si vede.

La pace in Dio.

2. 9. Beati gli operatori di pace, perché saranno considerati figli di Dio 24. Nella pace v'è la perfezione, perché in essa nulla è in contrasto; e quindi gli operatori di pace sono figli di Dio, perché nulla si oppone a Dio ed ovviamente i figli devono mantenere la somiglianza del Padre. Sono operatori di

pace nel proprio essere coloro che, sottomettendo tutte le attività dell'animo alla ragione, cioè all'intelligenza e alla coscienza, e avendo dominato tutti gli impulsi sensuali, divengono regno di Dio. In esso le attività sono talmente ordinate al punto che nell'uomo domina quella la quale primeggia ed eccelle, senza che si oppongano le altre che sono comuni a noi e alle bestie. Così ciò che nell'uomo eccelle, cioè l'intelligenza e la ragione, sia sottomesso all'essere più alto che è la stessa Verità, l'Unigenito Figlio di Dio. Infatti l'uomo non riesce a dominare le cose inferiori se egli stesso non si sottomette all'Essere superiore. Ed è la pace che è data in terra agli uomini di buona volontà 25, è la vita del saggio al culmine della perfezione. Da questo regno, posto nel pieno della pace e dell'ordine, è stato cacciato fuori il principe di questo mondo 26 che domina su gli esseri privi di pace e di ordine. Organizzata e resa stabile questa pace, qualunque tipo di persecuzione susciti dall'esterno colui che è stato messo fuori, accresce la gloria che è secondo Dio, perché non demolisce nulla in quell'edificio, anzi con l'inefficienza delle proprie macchine da guerra fa capire la grande saldezza che è strutturata all'interno. Perciò continua: Beati coloro che soffrono persecuzione per l'onestà, perché di essi è il regno dei cieli 27.

Riepilogo.

3. 10. Sono dunque in tutto otto aforismi. Richiamandone altri si rivolge ai presenti con le parole: Sarete beati quando diranno male di voi e vi perseguiteranno 28. Esprimeva genericamente gli aforismi precedenti. Difatti non ha detto: Beati i poveri di spirito, perché vostro è il regno dei cieli, ma: perché è di essi 29; e non: Beati i miti, perché voi possederete la terra, ma: perché essi possederanno la terra 30 e così gli altri aforismi fino all'ottavo con cui ha detto: Beati quelli che soffrono persecuzione per l'onestà, perché di essi è il regno dei cieli 31. Dopo comincia a parlare rivolgendosi ai presenti, sebbene anche gli aforismi, che erano stati enunciati in precedenza, riguardavano anche coloro che, essendo presenti, ascoltavano; e questi, che sembrano enunciati in modo speciale per i presenti, riguardino anche coloro che erano assenti o che fossero vissuti in seguito. Perciò si deve considerare attentamente il numero degli aforismi. La beatitudine inizia dall'umiltà: Beati i poveri di spirito, cioè non gonfiati, quando l'anima si sottomette alla divina autorità, perché teme di andare alle pene dopo questa vita, sebbene le sembri eventualmente di essere beata in questa vita. Di conseguenza giunge alla conoscenza della Sacra Scrittura, però bisogna che in essa si mostri mite mediante la pietà, affinché non osi condannare ciò che ai profani sembra assurdo e si renda indocile con ostinate discussioni. Da ciò inizia

a capire da quali limiti della vita presente essa è impedita mediante l'abitudine sensuale e i peccati. Quindi nel terzo grado, in cui v'è la scienza, si piange la perdita del sommo bene, perché ci si avvince ai beni infimi. Nel quarto grado v'è l'affanno perché in esso ci si applica con energia affinché la coscienza si svincoli da quegli oggetti, dai quali è avvinta con attrattiva esiziale. Quindi in esso si ha fame e sete dell'onestà ed è molto necessaria la fortezza, giacché non si lascia senza dolore ciò che si possiede con diletto. Al quinto si dà il consiglio di evadere a coloro che persistono nell'affanno perché se non si è aiutati da un essere superiore, non si è assolutamente capaci di districarsi dai tanti viluppi delle sofferenze. Ed è un giusto consiglio che chi vuol essere aiutato da un essere superiore, aiuti uno più debole nell'occorrenza in cui egli è più forte. Quindi: Beati i misericordiosi, perché di loro si avrà misericordia. Al sesto grado si ha la purezza del cuore che dalla consapevolezza delle buone opere anela a contemplare il sommo bene che si può intuire soltanto con la mente pura e serena. Infine la settima è la stessa sapienza, cioè la contemplazione della verità che pacifica tutto l'uomo a ricevere l'immagine di Dio; ed essa si enuncia così: Beati gli operatori di pace, perché saranno considerati figli di Dio. L'ottavo aforisma ritorna, per così dire, al primo perché mostra e giudica che è stato eseguito e compiuto. Difatti nel primo e nell'ottavo è stato nominato il regno dei cieli: Beati i poveri di spirito, perché di essi è il regno dei cieli; e: Beati coloro che soffrono persecuzioni per la virtù, perché di essi è il regno dei cieli. Difatti si ha nella Scrittura: Chi ci separerà dall'amore di Cristo? Forse la tribolazione, l'angoscia, la persecuzione, la fame, la penuria, il pericolo, la spada? 32. Sono sette dunque le beatitudini che portano a compimento, poiché l'ottava, quasi tornando ancora al principio, chiarisce e indica ciò che è stato compiuto, affinché attraverso questi gradi siano compiuti anche gli altri.

Confronto con i doni dello Spirito Santo...

4. 11. A me sembra dunque che anche la settiforme operazione dello Spirito Santo, di cui parla Isaia 33, corrisponda a questi gradi e aforismi, ma v'è la differenza della disposizione; difatti nel Profeta l'elenco comincia dai gradi più alti, qui dai più bassi, lì infatti comincia dalla sapienza e termina con il timore di Dio, ma inizio della sapienza è il timore di Dio 34. Perciò se rassegniamo, per così dire, salendo di grado in grado, primo è il timore di Dio, seconda la pietà, terza la scienza, quarta la fortezza, quinto il consiglio, sesto l'intelletto, settima la sapienza. Il timore di Dio si addice agli umili, dei quali nel Vangelo si dice: Beati i poveri di spirito, cioè non gonfiati, non superbi, ai quali l'Apostolo dice: Non montare in superbia, ma temi 35, cioè non ti esaltare. La pietà si addice ai miti. Chi infatti ricerca con pietà

onora le Sacre Scritture e quindi non critica quel che ancora non capisce e perciò non vi si oppone; e questo è esser mite; perciò qui si dice: Beati i miti. La scienza si addice a coloro che piangono, in quanto hanno appreso dalla Scrittura da quali mali son tenuti avvinti, perché per ignoranza li hanno bramati come buoni e giovevoli; di essi qui si dice: Beati quelli che piangono. La fortezza si addice a coloro che hanno fame e sete. Sono infatti nel dolore, perché desiderano la gioia dei veri beni e aspirano a distogliere l'amore dai beni della terra e del corpo; di essi si dice: Beati quelli che hanno fame e sete della virtù. Il consiglio si addice ai misericordiosi. V'è infatti un solo rimedio per evadere dai grandi mali: che rimettiamo, cioè, come vogliamo che sia rimesso a noi e aiutiamo gli altri in quel che possiamo, come noi desideriamo essere aiutati in quel che non possiamo; di essi si dice nel passo: Beati i misericordiosi. L'intelletto si addice ai puri di cuore, inteso come occhio purificato, affinché con esso si possa scorgere quel che l'occhiofisico non ha visto né l'orecchio ha udito né è penetrato nel cuore dell'uomo 36; di essi qui si dice: Beati i puri di cuore. La sapienza si addice agli operatori di pace, perché in essi tutti gli atti sono nell'ordine e non v'è impulso ribelle alla ragione, ma tutto è sottomesso alla coscienza dell'uomo, perché anche egli è sottomesso a Dio; di essi qui si dice: Beati gli operatori di pace.

...e giustificazione simbolica.

4. 12. Ma un solo premio, cioè il regno dei cieli, è stato ripetuto in diverso modo per i gradi suddetti. Nel primo, come era conveniente, è stato indicato il regno dei cieli che è la totale e somma sapienza dell'anima ragionevole. È stato così espresso: Beati i poveri di spirito, perché di essi è il regno dei cieli, che equivale a: Inizio della sapienza è il timore del Signore. Ai miti è stata data l'eredità come a coloro che assieme alla pietà chiedono il testamento del Padre: Beati i miti, perché essi avranno in eredità la terra; a coloro che piangono il conforto come a coloro i quali sanno che cosa hanno perduto e in quali mali erano immersi: Beati quelli che piangono, perché saranno consolati; agli affamati e assetati la sazietà come ristoro per coloro che si affaticano e lottano per la salvezza: Beati quelli che hanno fame e sete della virtù perché saranno saziati; ai misericordiosi la misericordia, come a coloro che seguono il vero e ottimo consiglio che a loro si offra da chi è più forte ciò che essi offrono ai più deboli: Beati i misericordiosi, perché di loro si avrà misericordia; ai puri di cuore la capacità di vedere Dio, come a coloro che hanno l'occhio puro per comprendere le cose eterne: Beati i puri di cuore perché vedranno Dio; agli operatori di pace la somiglianza con Dio, come a coloro che hanno la perfetta saggezza e sono formati a somiglianza di Dio mediante la rigenerazione dell'uomo nuovo: Beati gli operatori di pace, perché

saranno considerati figli di Dio. Questi valori possono essere interamente realizzati in questa vita, come crediamo che si siano realizzati negli apostoli; infatti non si può indicare con parole il totale cambiamento nella forma angelica che è promesso dopo questa vita. Beati dunque coloro che soffrono persecuzioni per l'onestà, perché di essi è il regno dei cieli. Il contenuto di questo ottavo aforisma, che ritorna da capo e dichiara l'uomo perfetto, è allegorizzato presumibilmente dalla circoncisione all'ottavo giorno nel Vecchio Testamento, e dalla risurrezione del Signore dopo il sabato, che è l'ottavo e anche il primo giorno, e dall'osservanza degli otto giorni di riposo che pratichiamo nella rigenerazione dell'uomo nuovo, e dal numero stesso della pentecoste. Difatti al sette per sette, che fanno quarantanove, si aggiunge un ottavo giorno, in modo che si abbiano i cinquanta e, per così dire, si torni al principio. In questo giorno fu mandato lo Spirito Santo, dal quale siamo condotti nel regno dei cieli, riceviamo l'eredità, siamo consolati, siamo saziati, otteniamo misericordia, siamo purificati e restituiti alla pace. Così, resi alla pienezza, sopportiamo per la verità e l'onestà tutte le sofferenze inferte dall'esterno.

Beatitudine per chi soffre.

5. 13. Sarete beati, continua, quando vi insulteranno, vi perseguiteranno e, mentendo, diranno ogni sorta di

male contro di voi per causa mia. Rallegratevi ed esultate, perché grande sarà la vostra ricompensa nei cieli 37. Chiunque nella qualifica di cristiano cerca le gioie di questo mondo e l'abbondanza dei beni della terra rifletta che la nostra felicità è all'interno, come si dice dell'anima della Chiesa con le parole del Profeta: Ogni bellezza della figlia del re è all'interno 38. All'esterno invece sono promesse ingiurie, persecuzioni, diffamazioni, per le quali nei cieli grande sarà la ricompensa, che si avverte nel cuore dei sofferenti, di coloro che possono dire: Ci gloriamo nelle sofferenze, perché sappiamo che la sofferenza produce pazienza, la pazienza una virtù provata, la virtù provata la speranza; e la speranza non delude, perché l'amore di Dio è stato riversato nei nostri cuori per mezzo dello Spirito Santo che ci è stato dato 39. Infatti non giova soffrire questi mali, ma sopportarli per il nome di Gesù non solo con animo sereno, ma anche con gioia. Difatti molti eretici, i quali col nome cristiano traggono in errore le anime, subiscono molte di tali sofferenze, ma sono esclusi dalla suddetta ricompensa, perché non è stato detto soltanto: Beati coloro che soffrono persecuzione, ma è stato aggiunto: per la virtù. E non è possibile che nell'individuo, in cui non v'è una retta fede, vi sia la virtù, perché l'uomo virtuoso vive di fede 40. Anche gli scismatici non si lusinghino di avere una tale ricompensa, poiché egualmente non è possibile che vi sia l'onestà in chi non v'è la carità.

Difatti l'amore al prossimo non fa del male 41 e, se lo avessero, non lacererebbero il corpo di Cristo che è la Chiesa 42.

L'insulto e la diffamazione.

5. 14. Si può proporre il quesito: in che differiscono le sue parole: quando vi malediranno e: diranno ogni sorta di male contro di voi, dato che maledire è il medesimo che dire del male. Ma in forma diversa si rivolge la mala parola, mediante l'insulto alla presenza di colui al quale fu detto, nel caso a nostro Signore: Non diciamo forse il vero che sei un samaritano e hai un demonio43. Diversamente si ha quando si offende la riputazione, come di lui si ha nella Sacra Scrittura: Alcuni dicevano: è un profeta; altri invece: No, ma inganna il popolo 44. Perseguitare poi è usar violenza o aggredire con una macchinazione. La eseguirono colui che lo tradì e coloro che lo crocifissero. Certamente si ha un pensiero che non è stato enunciato con immediatezza col dire: E diranno ogni sorta di male contro di voi, ma vi è stato aggiunto: mentendo e anche: a causa mia. Io ritengo che l'aggiunta sia per coloro che vogliono vantarsi delle persecuzioni e del disonore della propria riputazione e quindi pensano che Cristo appartiene a loro, dato che si dicono molte cattive parole di loro, giacché si dice la verità, quando si dicono del loro errore. Ed anche se talora si buttano là

alcune cose false, il che spesso avviene per la sventatezza degli uomini, tuttavia non le subiscono per amore di Cristo. Infatti non segue Cristo chi non sulla base della vera fede e dell'insegnamento cattolico è considerato cristiano.

Ricompensa nei cieli.

5. 15. Godete ed esultate, continua, perché grande è la vostra ricompensa nei cieli 45. Penso che nel passo non sono denominati cieli le sfere più alte del mondo visibile. La nostra ricompensa infatti, che deve essere stabile ed eterna, non si deve riporre nelle cose poste nel divenire e nel tempo. Penso quindi che nei cieli significa nella dimora dello spirito, dove ha sede l'eterna bontà 46. Nel confronto l'anima malvagia è considerata terra e ad essa, perché pecca, è stato detto: Sei terra e alla terra ritornerai 47. Di questi cieli dice l'Apostolo: Poiché la nostra patria è nei cieli 48. Sperimentano dunque nel tempo questa ricompensa coloro che godono dei beni dello spirito, ma di là sarà resa alla pienezza in ogni senso, quando anche ciò che è soggetto alla morte conseguirà l'immunità dalla morte 49. Così, soggiunge, hanno perseguitato anche i profeti che sono vissuti prima di voi 50. In questo passo ha inteso in senso generico la persecuzione tanto quella delle maledizioni come della violazione del buon nome. Ed ha giustamente esortato mediante un esempio, giacché di solito soffrono la persecuzione

quelli che dicono il vero. Tuttavia non per questo gli antichi profeti hanno defezionato dalla proclamazione della verità.

I poveri di spirito o umili sono beati perché sono concordi con i fratelli (6, 16 - 10, 28)

Gli apostoli sale della terra...

6. 16. Con molta coerenza quindi continua: Voi siete il sale della terra 51, mostrando che si devono ritenere insipidi coloro che, agognando l'abbondanza e temendo la scarsezza dei beni del tempo, perdono i beni dell'eternità che non possono esser dati né tolti dagli uomini. Quindi: Se il sale diventasse scipito, con che cosa lo si potrà render salato? Vale a dire se voi, mediante i quali si devono condire, per così dire, i popoli, per timore delle persecuzioni nel tempo perderete il regno dei cieli, quali saranno gli uomini, mediante i quali si elimini da voi l'errore, dato che il Signore vi ha scelti per eliminare l'errore degli altri? Quindi: Non serve a nulla il sale scipito, se non per essere gettato fuori e calpestato dagli uomini. Quindi non è calpestato dagli uomini chi soffre la persecuzione, ma chi diventa scipito perché teme la persecuzione. Difatti non si può calpestare se non chi è sotto, ma non è sotto colui che, pur subendo molti dolori in terra, col cuore è tuttavia rivolto al cielo.

...e luce del mondo.

6. 17. Voi siete la luce del mondo 52. Come prima ha detto: sale della terra, così ora dice: luce del mondo. Difatti neanche prima per terra si deve intendere quella che calpestiamo con i piedi, ma gli uomini che vivono sulla terra, o anche i peccatori, perché il Signore ha inviato il sale apostolico per condirli e impedirne la putrefazione. E qui per mondo è opportuno intendere non il cielo e la terra, ma gli uomini che sono nel mondo o amano il mondo, perché gli apostoli sono stati inviati a illuminarli. Non può rimanere nascosta una città collocata sul monte, cioè fondata su una insigne e grande onestà, simboleggiata anche dal monte in cui il Signore sta insegnando. E non accendono la lucerna e la pongono sotto il moggio, ma sul lucerniere 53. Che pensare? L'inciso: sotto il moggio è stato usato affinché s'intenda soltanto l'occultazione della lucerna, come se dicesse: nessuno accende la lucerna e la nasconde? Ovvero anche il moggio simboleggia qualcosa, sicché porre la lucerna sotto il moggio è considerare il benessere del corpo più importante dell'annuncio della verità, al punto che non si annuncia la verità, perché si teme di soffrire qualche fastidio nelle cose spettanti al corpo e al tempo? E a proposito è indicato il moggio, prima di tutto per la correlazione della misura, perché con essa ciascuno riceve quel che ha portato nel corpo, affinché di là, come dice appunto l'Apostolo, ciascuno riceva in cambio le opere che ha

compiuto nel corpo 54 e analogamente di questo moggio del corpo si dice in un altro passo: Nella misura, con cui misurerete voi, vi sarà misurato 55. Inoltre i beni posti nel tempo, che si conseguono col corpo, si iniziano e passano in una certa misura di giorni che il moggio probabilmente simboleggia. Invece i beni eterni e spirituali non sono contenuti in tale limite, poiché Dio dà lo Spirito senza misura 56. Pone dunque la lucerna sotto il moggio chi spegne e copre la luce della buona istruzione con le soddisfazioni nel tempo, la pone sul lucerniere chi sottomette il proprio corpo a servizio di Dio, in modo che in alto vi sia l'annuncio della verità, in basso la sottomissione del corpo. Però mediante tale sottomissione del corpo deve splendere in alto l'istruzione che nelle buone opere si consegna a coloro che apprendono mediante le funzioni del corpo, cioè mediante la voce, la lingua e gli altri movimenti del corpo. Quindi pone la lucerna sul lucerniere l'Apostolo, quando dice: Faccio il pugilato non come chi batte l'aria, ma castigo il mio corpo e lo induco alla sottomissione, affinché nell'istruire gli altri io non rimanga squalificato 57. Penso che nelle parole di Gesù: Affinché risplenda a tutti coloro che sono nella casa 58, per casa s'indichi l'abitazione degli uomini, cioè il mondo stesso per quel che ha detto in precedenza: Voi siete la luce del mondo 59. Ovvero se per casa si vuole intendere la Chiesa, neanche questo significato è improbabile.

Il vero fine della lode.

7. 18. Così risplenda, soggiunge, la vostra luce davanti agli uomini, in modo che vedano le vostre opere buone e diano gloria al Padre vostro che è nei cieli 60. Se dicesse soltanto: Così risplenda la vostra luce davanti agli uomini, in modo che vedano le vostre opere buone, sembrerebbe che avesse stabilito il fine nelle lodi degli uomini, di cui sono avidi gli ipocriti, coloro che ambiscono gli onori e raggiungono una gloria del tutto vuota. Contro di essi si legge: Se andassi ancora a genio agli uomini, non sarei ministro di Cristo 61; e del Profeta: Coloro che piacciono agli uomini sono arrossiti di vergogna, perché Dio li ha resi un nulla; e di seguito: Dio spezza le ossa di coloro che sono graditi agli uomini 62; e ancora l'Apostolo: Non diventiamo avidi di una vuota gloria 63; ed egli ancora: L'uomo invece esamini se stesso e allora in se stesso e non nell'altro troverà motivo di gloria 64. Quindi non ha detto soltanto: Affinché vedano le vostre opere buone, ma ha aggiunto: E diano gloria al Padre vostro che è nei cieli. Perciò l'uomo non deve intendere come fine di piacere agli uomini per il fatto che mediante le opere buone piace ad essi, ma lo riferisca a lode di Dio e perciò piaccia agli uomini, affinché in lui sia resa gloria a Dio. A coloro che lodano conviene quindi lodare non l'uomo ma Dio, come il Signore ha mostrato in quell'uomo che gli portavano davanti, sicché la folla nel caso del paralitico sanato ammirò il

potere di Dio, come è scritto nel Vangelo: Ebbero timore e diedero gloria a Dio che ha dato un tale potere agli uomini 65. E Paolo, suo imitatore, dice: Avevano soltanto sentito dire che colui il quale una volta ci perseguitava, ora annunzia la fede che prima voleva distruggere; e glorificavano Dio a causa mia 66.

Gesù integra la Legge.

7. 19. Dopo aver esortato gli uditori di prepararsi a superare tutte le difficoltà per la verità e l'onestà, a non nascondere il bene che stavano per ricevere, ma ad apprendere con una amorevolezza tale da ammaestrare gli altri, riferendo le proprie opere alla gloria di Dio e non al proprio vanto, inizia a informare e insegnare quel che debbono insegnare, come se glielo chiedessero dicendo: Ecco vogliamo sopportare tutto per il tuo nome e non nascondere il tuo insegnamento. Ma che cosa è quel che proibisci di nascondere? E perché comandi che tutte le difficoltà siano sopportate? Forse che devi dire altre cose contrarie a quelle che sono scritte nella Legge? No, disse: Non crediate che sia venuto ad abolire la Legge e i Profeti; non sono venuto per abolire, ma per dare compimento 67.

Il compimento della Legge.

8. 20. In questa proposizione si ha un doppio significato; bisogna esporre in base all'uno e all'altro. Chi afferma: Non son venuto per abolire la Legge ma per portarla a compimento afferma o aggiungendo quel che manca o perfezionando quel che ha. Esaminiamo l'ipotesi che ho indicato al primo posto. Infatti chi aggiunge quel che manca certamente non abolisce quel che trova, ma lo ratifica rendendolo più perfetto. E per questo continua col dire: In verità vi dico: finché non siano passati il cielo e la terra, non passerà dalla Legge un solo iota o un solo accento, senza che tutto sia compiuto 68. Perciò mentre si avverano i dati che sono stati aggiunti al completamento, molto più si avverano quelli che sono stati premessi per l'iniziazione. L'inciso: un solo iota o un solo accento non passeranno dalla Legge si può interpretare soltanto come una veemente affermazione della perfezione, poiché è stata indicata dai singoli dati espressivi fra cui lo iota è il più piccolo perché si traccia con un solo trattino e l'accento è poi un certo segnetto sopra di esso. Con queste parole egli mostra che nella Legge anche i dati più piccoli sono portati a compimento. Poi soggiunge: Chi dunque considererà abrogato uno solo di questi più piccoli comandamenti e insegnerà così agli uomini sarà considerato il più piccolo nel regno dei cieli69. I comandamenti più piccoli dunque sono simboleggiati da un solo iota e da un solo

accento. Chi dunque considererà abrogato e insegnerà così, cioè secondo il dato abrogato, non secondo quel che nella Legge ha trovato e letto, sarà considerato il più piccolo nel regno dei cieli e forse non vi sarà per niente nel regno dei cieli, in cui possono essere soltanto i grandi.Chi invece osserverà e così insegnerà, questi sarà considerato grande nel regno dei cieli. Chi invece osserverà significa: chi non considera abrogato e insegnerà così, in base a ciò che non ha abrogato. Se sarà considerato grande nel regno dei cieli, ne consegue che anche sia nel regno dei cieli, in cui sono ammessi i grandi. All'argomento attiene quel che segue.

Confronto fra Legge e Vangelo.

9. 21. Vi dico che se la vostra virtù non supererà quella degli scribi e dei farisei, non entrerete nel regno dei cieli 70, cioè se non solo non osserverete i comandamenti più piccoli della Legge, che iniziano l'uomo all'onestà, ma anche questi aggiunti da me, che non son venuto ad abolire la Legge, ma a completarla, non entrerete nel regno dei cieli. Ma tu mi obietti: Di quei comandamenti più piccoli, mentre ne parlava in precedenza, ha detto che è il più piccolo nel regno dei cieli chi ne considerasse abrogato uno solo e insegnasse in base a questa sua abrogazione, quindi che è considerato grande chi li osserverà e così insegnerà e che per questo sarà già nel regno dei cieli,

perché è grande. E allora che bisogno c'è che si aggiunga qualcosa ai più piccoli comandamenti della Legge, se già può essere nel regno dei cieli, perché è grande chi li osserverà e così insegnerà? Rispondo: Perciò la proposizione si deve interpretare in questo senso: Chi li osserverà e insegnerà così, sarà considerato grande nel regno dei cieli, cioè non sulla base di quei comandamenti più piccoli, ma sulla base di quelli che io dichiarerò. E quali sono? Che la vostra virtù, afferma, superi quella degli scribi e dei farisei, perché se non la supererà, non entrerete nel regno dei cieli. Quindi chi considererà aboliti i comandamenti più piccoli e insegnerà così, sarà considerato il più piccolo; chi invece osserverà i più piccoli e così insegnerà, non deve essere considerato ormai un grande e meritevole del regno dei cieli, però non così piccolo come chi li considera abrogati. Affinché sia grande e meritevole del regno, deve osservare e insegnare come al presente insegna Cristo, cioè che la sua virtù superi quella degli scribi e dei farisei. La virtù dei farisei comporta che non uccidano, la virtù di quelli che entreranno nel regno di Dio che non si adirino senza motivo. Il non uccidere dunque è l'osservanza più piccola e chi la considererà abrogata sarà considerato il più piccolo nel regno dei cieli. Chi invece adempirà di non uccidere non sarà senz'altro grande e meritevole del regno dei cieli, tuttavia è salito un gradino; si perfezionerà se non si adira senza motivo e, se avrà raggiunto questa perfezione, sarà assai più lontano dall'omicidio. Quindi chi insegna di non adirarsi non considera abrogata la legge di non uccidere, la osserva invece, sicché tanto all'esterno, se non uccidiamo, come nel cuore, se non ci adiriamo, manteniamo l'immunità dalla colpa.

Gradualità della colpa nel rapporto col fratello.

9. 22. Avete udito, continua, che fu detto agli antichi: Non ucciderai; e chi avrà ucciso, sarà meritevole del processo. Io vi dico invece che chi si adira con il proprio fratello senza motivo, sarà meritevole del processo; chi avrà detto al fratello: Racha, sarà meritevole di condanna, chi gli avrà detto: Imbecille, sarà meritevole della geenna di fuoco 71. Che differenza v'è fra il meritevole di processo, il meritevole di condanna e il meritevole della geenna di fuoco? Infatti quest'ultimo contesto ha un tono molto grave e fa pensare che si fanno alcune gradazioni da pene più leggere a più gravi fino a giungere alla geenna di fuoco. Quindi se è più lieve essere meritevole di processo che meritevole di condanna, e così se è più lieve esser meritevole di condanna che della geenna di fuoco, è opportuno che si giudichi più lieve adirarsi senza motivo col fratello che dirgli racha e ancora che è più lieve dirgli racha che imbecille. La colpevolezza in sé non

avrebbe gradazioni, se anche i peccati non venissero rassegnati gradualmente.

Esame etimologico di racha.

9. 23. Nel testo è usato un solo termine di significato incerto, perché racha non è né greco né latino; gli altri sono usati nella nostra lingua. Alcuni han voluto derivare dal greco la traduzione di questa parola ritenendo che racha significa cencioso, perché in greco il cencio si denomina ῥάχος. Tuttavia quelli, a cui si chiede come si volge in greco cencioso, non rispondono racha. D'altronde il traduttore latino, dove ha riportato racha, poteva tradurre cencioso e non usare una parola che nella lingua latina non esiste e in greco non è usata. È più attendibile la versione che ho appreso da un ebreo, quando l'ho interrogato in proposito. Mi disse che è un suono che non significa qualcosa, ma esprime una emozione della coscienza. I grammatici chiamano interiezione queste piccole parti del discorso che indicano un impulso dell'animo turbato, come quando si dice: ahi! da chi soffre e ohibò! da chi è adirato. Sono espressioni proprie di tutte le lingue e non agevolmente si traducono in un'altra lingua. Ed è certamente questo il motivo che ha spinto il traduttore, tanto greco che latino, a riportare il termine stesso, perché non trovava come tradurlo.

Tre colpe e tre imputazioni.

9. 24. Vi sono dunque delle gradazioni in questi peccati. Prima di tutto uno si adira e trattiene l'emozione formatasi all'interno. Se poi il turbamento stesso strapperà a chi è adirato un suono che non ha significato, ma attesta col prorompere stesso l'emozione dell'anima, in modo che con essa si offende colui contro cui si adira, il fatto è certamente più grave di quanto l'ira insorgente si cela nel silenzio. Se inoltre non solo si ode la voce di chi è sdegnato, ma anche la parola che indica e qualifica l'oltraggio a colui contro cui si proferisce, non v'è dubbio che è un po' di più che se si udisse soltanto l'espressione di sdegno. Dunque nel primo caso si ha un solo dato, cioè l'ira in sé; nel secondo due, cioè l'ira e il suono che indica l'ira; nel terzo tre, l'ira il suono che indica l'ira e nel suono stesso la dimostrazione di un deliberato oltraggio. Esamina ora anche le tre imputazioni: del processo, della condanna, della geenna di fuoco. Nel processo si dà ancora luogo alla difesa. Invece per quanto riguarda la condanna, sebbene sia anche processo, tuttavia l'averli distinti induce a rilevare che in questo passo differiscono per qualche aspetto. Sembra appunto che ad essa sia di spettanza l'emissione della sentenza. Difatti con essa non si discute con il colpevole stesso se è da condannare, ma coloro che lo giudicano s'intrattengono a trattare con quale pena è opportuno condannare chi evidentemente è da condannare. La

geenna di fuoco poi non propone come incerta né la condanna come il processo, né la pena del condannato come la condanna; nella geenna sono certe la condanna e la pena del condannato. Si avvertono dunque alcune gradazioni nelle colpe e nella imputazione. Ma chi può esprimere in quali termini siano invisibilmente applicate le pene ai meriti delle anime? Si deve prestare attenzione alla differenza che si ha fra la virtù dei farisei e quella più grande che introduce nel regno dei cieli. Quindi, poiché è più grave uccidere che rivolgere un insulto con la parola, in quella l'omicidio rende meritevole di processo, in questa è l'ira che rende meritevole di processo, sebbene sia il più lieve dei tre peccati. In quella infatti gli uomini conducevano l'inchiesta discutendo fra di loro; in questa tutto è rimesso al giudizio divino, per il quale il destino dei condannati è la geenna di fuoco. Chi ha detto che con una pena più grave in una giustizia più grande è punito l'omicidio, se con la geenna di fuoco è punito l'insulto, induce a pensare che vi sono diversità di geenne.

Significati sottintesi.

9. 25. Senza dubbio in queste tre proposizioni si deve avvertire un sottinteso di parole. La prima proposizione infatti contiene tutte le parole necessarie per non sottintendere nulla. Chi si adira, dice, con un suo fratello senza motivo è meritevole di processo.

Nella seconda invece, poiché afferma: Chi poi dirà al suo fratello racha, è sottinteso: senza motivo, e così si aggiunge:Sarà meritevole di condanna. Nella terza poi in cui dice: Chi poi gli avrà detto: imbecille 72, sono sottintesi due concetti: a un suo fratello e: senza motivo. Si giustifica quindi il fatto che l'Apostolo denomina stolti i Galati che tuttavia considera come fratelli, perché non lo fa senza motivo. Quindi in questo inciso si deve sottintendere fratello, perché del nemico si dice in seguito in qual modo anche egli deve esser trattato con una virtù più grande.

Dono all'altare e riconciliazione...

10. 26. Quindi continua: Se dunque offrirai il tuo dono all'altare e lì ti ricorderai che un tuo fratello ha qualcosa contro di te, lascia il tuo dono davanti all'altare e va' prima a riconciliarti col tuo fratello e allora tornando offri il tuo dono 73. Dal testo evidentemente appare che in precedenza s'era parlato di un fratello, poiché la proposizione che segue si congiunge alla precedente con un collegamento tale che comprova la precedente. Non ha detto infatti: Se invece offrirai il tuo dono all'altare, ma ha detto: Se dunque offrirai il tuo dono all'altare. Se invero non è lecito adirarsi senza motivo col fratello o dirgli racha o imbecille, molto meno è lecito trattenere un qualche cosa nella coscienza, al punto che lo sdegno si volga in odio. Si riferisce a questo

anche quel che si afferma in un altro passo: Il sole non tramonti sulla vostra collera 74. Ci si ordina dunque che se, mentre portiamo un dono all'altare, ci ricorderemo di avere qualche rancore contro un fratello, di lasciare il dono sull'altare, avviarci a far pace con lui e poi venire a offrire il dono. Se l'ingiunzione si prendesse alla lettera, si potrebbe forse pensare che è bene far così se il fratello è nelle vicinanze; difatti non si può procrastinare a lungo, dato che ti si ordina di lasciare il tuo dono davanti all'altare. Se quindi venisse in mente un tal pensiero su un assente e, il che può avvenire, su di uno residente al di là del mare, è assurdo pensare che si deve lasciare il dono davanti all'altare per offrirlo a Dio dopo avere attraversato terre e mari. Siamo quindi costretti a ricorrere a interpretazioni allegoriche, affinché questo pensiero possa essere inteso senza incorrere nel non senso.

...e interpretazione allegorica.

10. 27. Per altare quindi allegoricamente, nell'interiore tempio di Dio, possiamo intendere la fede stessa, di cui è simbolo l'altare visibile. Infatti qualunque dono offriamo a Dio, sia la spiegazione della Scrittura, o l'insegnamento, o l'orazione, o un inno, o un salmo, o un altro qualsiasi dei doni dello Spirito che si presentano alla coscienza, non gli può esser gradito se non è sorretto dalla sincerità della

fede e posto, per così dire, sopra di lei stabilmente fisso, in modo che ciò che diciamo sia senza detrazioni e senza errori. Difatti molti eretici non avendo l'altare, cioè la vera fede, invece della lode han detto bestemmie perché, appesantiti dalle opinioni della terra, hanno gettato in terra, per così dire, il proprio atto di devozione. Però deve essere retta anche l'intenzione di chi offre. Avviene talora dunque che stiamo per offrire qualcuno di tali doni nel nostro cuore, cioè nell'interiore tempio di Dio, perché dice l'Apostolo: Il tempio di Dio è santo e siete voi 75 e: Nell'uomo interiore abita il Cristo mediante la fede nei vostri cuori 76. Allora se verrà in mente che un nostro fratello abbia qualcosa contro di noi, cioè, se l'abbiamo offeso in qualche modo, allora è lui che ce l'ha contro di noi; infatti noi ce l'abbiamo con lui, se egli ci ha offesi e allora non è il caso di andare a riconciliarci, perché non dovrai chiedere scusa a lui che ti ha recato offesa, ma soltanto rimetterai, come desideri che ti sia rimesso dal Signore quel che tu hai commesso. Si deve andare a riconciliarsi, quando ci verrà alla memoria che eventualmente noi abbiamo offeso il fratello e si deve andare non con i piedi del corpo ma con gli atteggiamenti della coscienza, affinché ti prostri con benevolenza al fratello, al quale con un pensiero affettuoso sei corso, mentre eri alla presenza di colui al quale dovrai offrire il dono. Così infatti, anche se è presente, lo potrai rabbonire con un sincero atto di coscienza e ricondurlo all'affabilità chiedendogli perdono, se prima l'hai chiesto a Dio, perché sei andato al fratello non con un tardo movimento del corpo, ma con un rapido sentimento di affetto. E ritornando, cioè richiamando il proposito all'atto che avevi cominciato a compiere, offrirai il tuo dono.

Superbia e povertà di spirito.

10. 28. D'altronde chi si comporta in modo da non adirarsi con un suo fratello senza motivo, o da non dirgli racha senza motivo, o da non chiamarlo imbecille senza motivo e non lo si avverte con molta superbia? Ovvero se eventualmente si è caduti in una di queste colpe, chi non chiede perdono con sentimento implorante, ed è l'unica riparazione, a meno che non si è gonfi dal soffio di una stupida presunzione? Beati dunque i poveri di spirito, perché di essi è il regno dei cieli 77. Ma ormai vediamo quel che segue.

Le beatitudini dei mansueti e l'accordo con l'avversario (11, 29-32)

L'accordo con l'avversario.

11. 29. Mettiti presto d'accordo col tuo avversario, mentre sei per via con lui, affinché egli non ti consegni al giudice e il giudice all'inserviente e tu non venga gettato in carcere. In verità ti dico: non ne

uscirai fino a che non paghi l'ultimo quattrino 78. Intendo chi è il giudice: Il Padre infatti non giudica nessuno, ma ha rimesso ogni giudizio al Figlio 79. Intendo chi è l'inserviente: Gli angeli lo servivano 80 e riteniamo per fede che verrà con gli angeli per giudicare i vivi e i morti 81. Comprendo che cosa è il carcere, cioè le pene delle tenebre che, in un altro passo, definisce del di fuori 82. Credo perciò che la gioia del premio divino sia all'interno nella intelligenza stessa o nella facoltà più intima che pensar si possa. Di questa gioia si dice al servo meritevole: Entra nella gioia del tuo Signore 83, allo stesso modo che nell'attuale ordinamento dello Stato chi viene chiuso in carcere è cacciato fuori dal tribunale o dal pretorio del giudice.

L'ultimo quattrino e l'eternità.

11. 30. L'inciso sul dover sborsare l'ultimo quattrino si può probabilmente interpretare che è stato espresso nel senso che nulla rimane senza punizione come comunemente parlando diciamo: fino in fondo, quando vogliamo indicare che qualcosa è talmente esigito che non si lascia nulla; oppure affinché col termine di ultimo quattrino siano simboleggiati i peccati della terra. La terra infatti è la quarta parte ed anche l'ultima delle sovrapposte componenti di questo mondo, sicché devi iniziare dal cielo, citi per seconda l'aria, terza l'acqua, quarta la terra. Quindi

l'inciso: Fino a che non sborsi l'ultimo quattrino 84 si può convenientemente interpretare: fino a che non sconti i peccati della terra. E questo appunto anche l'uomo peccatore ha udito: Terra sei e nella terra tornerai 85. Mi meraviglierei se l'espressione: Fino a che non sborsi non significhi la pena che è definita eterna. Con che cosa sarà scontato quel debito in una condizione in cui ormai non si dà luogo a pentirsi e a vivere più onestamente? Forse in questo passo è stata usata l'espressione: Fino a che non sborsi come in un altro in cui è detto: Siedi alla mia destra fino a che io non ponga tutti i tuoi nemici sotto i tuoi piedi 86; infatti, quando i nemici saranno posti sotto i suoi piedi, quegli non cesserà di sedere alla destra. Così è della frase dell'Apostolo: Egli deve regnare fino a che non ponga tutti i suoi nemici sotto i propri piedi 87; infatti, quando vi saranno, non cesserà di regnare. Come dunque in quel passo viene segnalato che regnerà per sempre colui di cui è stato detto: Deve regnare fino a che non ponga i nemici sotto i piedi, così in quest'altro si può intendere che colui di cui è stato detto: Non ne uscirai fino a che non sborsi l'ultimo quattrino, non ne uscirà per sempre, poiché per sempre sborserà l'ultimo quattrino, mentre sconta le pene eterne dei peccati della terra. Non avrei detto questo affinché sembri che ho evitato una trattazione più attenta sul senso, con cui nella Sacra Scrittura si dicono eterne le pene dei peccati, sebbene in qualunque senso siano presentate, si devono piuttosto evitare che averne scienza.

Chi è l'avversario con cui riconciliarsi.

11. 31. Ma esaminiamo chi è l'avversario con il quale ci si ordina di essere subito compiacenti, mentre siamo con lui per via. O è il diavolo o l'uomo o la carne o Dio o un suo comandamento. Ma non veggo in che senso ci si ordini di essere compiacenti col diavolo, cioè concilianti e condiscendenti; infatti alcuni hanno tradotto il termine greco εὐνοῶν conciliante, altri condiscendente. Ma non ci si ordina di mostrare compiacenza al diavolo, perché dove c'è la compiacenza, c'è l'amicizia e nessuno direbbe che si deve far amicizia col diavolo. Poi non è ammissibile essere concilianti con lui, perché una volta per sempre rinunciando a lui, gli abbiamo dichiarato guerra e saremo premiati per averlo vinto e neanche è ammissibile essere condiscendenti con lui, perché se non fossimo mai stati condiscendenti, mai saremmo incorsi negli affanni della vita. Per quanto riguarda l'uomo, sebbene ci si comandi di avere con tutti la pace per quanto sta a noi 88, in cui è possibile riscontrare compiacenza, conciliazione e condiscendenza, non noto tuttavia come potrei spiegare che dall'uomo noi siamo consegnati al giudice, in cui ravviso Cristo giudice, al cui tribunale tutti si devono presentare, come dice l'Apostolo 89. Come dunque consegnerà al giudice chi egualmente

al giudice sarà presentato? Ma se viene consegnato al giudice appunto perché ha offeso un uomo, sebbene non consegni chi è stato offeso, molto più coerentemente si deduce che dalla Legge stessa il reo viene consegnato perché contro di essa ha agito offendendo un uomo. Infatti se qualcuno ha fatto del male a un uomo uccidendolo, non ci sarà più l'occasione di riconciliarsi con lui, perché non è più con lui per via, cioè in questa vita. Tuttavia otterrà egualmente la guarigione pentendosi e ricorrendo con l'offerta di un cuore afflitto alla misericordia di colui che rimette a quelli che si riconciliano con lui e che gode maggiormente di chi si pente che di novantanove giusti 90. Molto meno distinguo in che senso ci si possa ordinare di essere compiacenti, riconcilianti e condiscendenti con la carne. I peccatori certamente amano la carne, si conciliano con essa e le accondiscendono; coloro invece che la assoggettano non le accondiscendono, ma le costringono ad accondiscendere ad essi.

Il magistero divino accolto dai mansueti.

11. 32. Forse dunque ci si ordina di essere condiscendenti con Dio, a lui compiacenti per riconciliarci con lui, dal quale ci siamo allontanati peccando, sicché può essere considerato nostro avversario. Infatti è giustamente considerato avversario di coloro ai quali resiste perché Dio resiste

ai superbi e dà la grazia agli umili 91 e: Inizio di ogni peccato è la superbia e inizio della superbia dell'uomo è apostatare da Dio 92; e l'Apostolo dice: Se infatti, pur essendo nemici, siamo stati riconciliati con Dio mediante la morte del suo Figlio, molto più, ora che siamo riconciliati, saremo salvi nella vita di lui 93. Dal passo si può comprendere che non v'è un essere cattivo nemico di Dio, poiché si riconciliano con lui quelli che gli sono stati nemici. Perciò chiunque in questa via, cioè in questa vita, non si sarà riconciliato con Dio mediante la morte del suo Figlio, sarà da lui consegnato al giudice, perché il Padre non giudica alcuno, ma ha consegnato ogni giudizio al Figlio 94. E così tengono dietro tutti gli altri concetti che sono stati espressi in questo verdetto, dei quali abbiamo già trattato. Ve n'è uno solo che si oppone a questo significato, cioè in quale senso si può ragionevolmente affermare che noi siamo per via con Dio, se in questo passo egli stesso deve essere considerato avversario dei cattivi e con lui ci si ordina di riconciliarci prontamente, salvo che, siccome egli è dovunque, anche noi, mentre siamo ancora per questa via, siamo evidentemente con lui. Infatti dice la Scrittura: Se salirò nei cieli, là tu sei; se scenderò negli inferi, eccoti; se userò le mie ali verso l'orizzonte e abiterò all'estremità del mare, anche là mi condurrà la tua mano e mi guiderà la tua destra 95. Forse non va a genio pensare che i cattivi siano con Dio, sebbene Dio è dovunque in atto, ma allo stesso modo non pensiamo che i ciechi siano nella luce, sebbene la luce affluisce ai loro occhi. Allora non resta altro che in questo passo per avversario intendiamo il comandamento di Dio. Che cosa infatti si oppone molto fortemente a coloro che vogliono peccare come il comandamento di Dio, cioè la sua Legge e la Sacra Scrittura? Essa infatti ci è stata data per questa vita, affinché sia con noi per via e non conviene essere in contrasto con essa affinché non ci consegni al giudice, ma conviene essere condiscendenti con essa. Nessuno sa infatti quando dovrà uscire da questa vita. È condiscendente con la Sacra Scrittura chi la legge o l'ascolta con deferenza perché le attribuisce la massima autorità. Perciò non odia quel che ha compreso, sebbene avverta che è in contrasto con i propri peccati, anzi ama maggiormente il proprio emendamento e gioisce che non si perdoni ai propri malanni fino a che non siano risanati. Se poi qualcosa a lui risulta oscuro o non vero, non susciti le controversie delle obiezioni, ma preghi per capire e ricordi che si deve devozione e rispetto a un'autorità così grande. Ma chi si comporta così se non colui che si appressa a dissigillare e prendere visione del testamento del Padre non con la minaccia di litigi, ma mite nella deferenza. Beati dunque i miti, perché essi avranno in eredità la terra 96. Esaminiamo quel che segue.

La beatitudine degli afflitti e fornicazione anche nello sguardo (12, 33-36)

L'intento di fornicare.

12. 33. Avete udito che è stato detto: Non fornicare, ma io vi dico che chi guarderà una donna per unirsi a lei, già ha fornicato con lei nel cuore 97. Dunque è virtù minore non fornicare con l'accoppiamento del corpo e quella maggiore del regno di Dio è non fornicare nel cuore. Perciò chi non commette fornicazione nel cuore molto più facilmente evita di commetterla nel corpo. Lo ha ratificato egli che l'ha comandato, perché non è venuto ad abrogare la Legge, ma a confermarla 98. Si deve evidentemente riflettere che non ha detto: chi si accoppierà con una donna ma: Chi guarderà una donna per unirsi con lei, cioè che la osserverà con l'intento e la coscienza di unirsi con lei; e questo non significa essere solleticato dalla istigazione della sensualità, ma acconsentire pienamente alla passione, sicché non si modera il disonesto impulso, ma se se ne darà l'occasione, viene soddisfatto.

Stimolo, compiacimento, consenso.

12. 34. Sono tre appunto i momenti, in cui si commette il peccato, con lo stimolo, il compiacimento e il consenso. Lo stimolo avviene sia attraverso la memoria o mediante i sensi, quando vediamo, udiamo, odoriamo, gustiamo o tocchiamo un determinato oggetto. E se il percepire l'oggetto produrrà compiacimento, il compiacimento illecito si

deve inibire. Ad esempio, quando siamo in digiuno e alla vista dei cibi sorge la bramosia dell'organo del gusto ed essa si ha soltanto con il compiacimento, ma non vi acconsentiamo e lo reprimiamo con l'imperativo della ragione egemonica. Ma se è avvenuto il consenso, si avrà interamente il peccato, noto a Dio nel nostro cuore, anche se di fatto non si palesa agli uomini. Dunque si verificano così i tre momenti, quasi che lo stimolo provenga dal serpente, cioè da un movimento fisico scorrevole e svolgentesi, ossia posto nel tempo; giacché, anche se tali emozioni si svolgono all'interno nell'anima sono dal corpo attratte all'esterno. E se oltre i cinque sensi un qualche movimento occulto influisce sull'anima, anche esso è posto nel tempo ed è scorrevole. Perciò quanto più scorre di nascosto per raggiungere la coscienza, tanto più convenientemente è paragonato a un serpente. Questi tre momenti dunque, come avevo iniziato a dire, sono simili all'avvenimento che è riferito nella Genesi, nel senso che dal serpente si attuano lo stimolo e un determinato convincimento; nel desiderio sensuale, come in Eva, il compiacimento; nella coscienza, come in Adamo, il consenso 99. Compiuti questi tre atti, l'uomo viene espulso dal paradiso terrestre, cioè dalla beatificante luce della virtù alla morte; e molto giustamente. Infatti chi convince non costringe. E tutti gli esseri sono belli nel proprio ordine e nei rispettivi gradi; ma non si deve ripiegare da quelli in alto, in cui è stata costituita l'anima ragionevole, a quelli in basso. Nessuno è costretto a compiere una simile azione e perciò se la compie, viene punito da una giusta legge di Dio, perché non la commette contro la propria volontà. Tuttavia il compiacimento prima del consenso non v'è, o è tanto lieve che quasi non v'è ed acconsentirvi è un grande peccato perché è proibito. Se qualcuno acconsente, commette un peccato nella coscienza. Se invece giunge all'atto, può sembrare che l'impulso si plachi, ma in seguito, quando si ripete lo stimolo, si accende un compiacimento più vivo, che tuttavia è di molto inferiore a quello che con azioni assidue si traduce in abitudine. Ed è molto difficile superarla; però se uno non si trascura e non rifugge il buon combattimento cristiano, supererà anche una simile abitudine con la guida e l'aiuto di Dio. Così verso la pace e l'ordine di prima l'uomo si sottomette a Cristo, la donna all'uomo 100.

Tre modi di peccare: nella coscienza, atto, abitudine.

12. 35. Come dunque si giunge al peccato attraverso tre momenti, con lo stimolo, il compiacimento, il consenso, così tre sono le differenze del peccato, nella coscienza, nell'atto, nell'abitudine, quasi tre morti: una per così dire in casa, cioè quando si consente alla sensualità nella coscienza; l'altra messa in vista per così dire fuori della porta, quando il consenso si

traduce nell'atto; la terza, quando dalla violenza della cattiva abitudine, come da un mucchio di terra, è oppressa l'anima intellettuale, già per così dire in putrefazione nel sepolcro. Chi legge il Vangelo sa che il Signore ha risuscitato questi tre tipi di morti. E forse riflette quale differenza abbia anche la voce di chi fa risorgere, poiché in un caso dice: Fanciulla, alzati 101; e in un altro: Giovinetto, dico a te, alzati 102; e nell'altro: Si commosse profondamente, pianse e di nuovo si commosse e quindi con grande voce gridò: Lazzaro, vieni fuori 103.

Ogni peccato è fornicazione.

12. 36. Perciò nel concetto di fornicazione considerata in questo brano è opportuno annoverare ogni soddisfazione viziosa e disonesta. Ripetutamente la Scrittura considera fornicazione l'idolatria, mentre l'apostolo Paolo con il concetto di idolatria definisce l'avarizia 104. Chi può dubitare quindi che ogni cattivo desiderio è fornicazione poiché l'anima, trascurata la legge superiore da cui è guidata, come una prostituta si avvilisce, a titolo di compenso, con l'osceno piacere delle cose abiette. Quindi l'individuo, il quale avverte che la soddisfazione carnale contrasta alla retta volontà mediante l'abitudine del peccato poiché, non essendo repressa, dalla sua violenza viene tratta in servitù, ricordi, per quanto gli è possibile, quale pace ha perduto ed esclami: Me sventurato, chi

mi libererà dal corpo di questa morte? La grazia di Dio mediante Gesù Cristo nostro Signore 105. Così infatti, poiché si riconosce sventurato, piangendo implora l'aiuto del consolatore. E non è un trascurabile avvicinarsi alla felicità il riconoscimento della propria miseria, perciò: Beati quelli che piangono perché saranno consolati 106.

La beatitudine degli affamati e assetati della virtù egemone (13, 37 - 18, 54)

L'occhio che è scandalo.

13. 37. Quindi continua con le parole: Se poi il tuo occhio destro ti è occasione di scandalo, cavalo e gettalo via da te; ti conviene infatti che vada perduto uno dei tuoi membri anziché tutto il tuo corpo vada nella geenna 107. Al caso si richiede un grande coraggio per recidere le membra. Qualunque significato abbia l'occhio, senza dubbio è una tal cosa che si ama ardentemente. Di solito da quelli che vogliono esprimere ardentemente il proprio affetto si dice: Lo amo come i miei occhi o anche più dei miei occhi. L'aggiunta del destro forse serve ad indicare il vigore dell'affetto. Sebbene infatti gli occhi siano volti insieme a guardare e se entrambi sono volti, hanno eguale influsso, tuttavia gli uomini temono maggiormente di perdere il destro. Così questo è il significato: Qualunque cosa tu ami da considerarla l'occhio destro, se ti è occasione di scandalo, ossia se

ti è d'impedimento alla vera felicità, cavalo e gettalo via da te. Ti conviene infatti che vada perduto uno di questi oggetti che ami in modo che sono a te uniti come membra, anziché tutto il tuo corpo vada nella geenna.

Interpretazione dell'occhio e della mano.

13. 38. Continua a parlare della mano destra e di essa dice egualmente: Se la tua mano destra ti è occasione di scandalo, tagliala e gettala via da te; ti conviene infatti che vada perduto uno dei tuoi membri, anziché tutto il corpo vada nella geenna 108. Ci costringe perciò a esaminare più attentamente che cosa ha inteso dire per occhio. Sull'argomento non mi viene in mente qualche cosa di più appropriato se non che è un carissimo amico; infatti è esso di certo che possiamo rettamente considerare un membro che amiamo ardentemente; ed è anche consigliere perché è l'occhio che mostra il cammino; e perfino nelle cose di Dio perché è destro, affinché il sinistro sia pure un amato consigliere, ma nelle cose delle terra attinenti ai bisogni del corpo. Era superfluo parlare di esso come occasione di scandalo, dal momento che non si deve risparmiare neanche il destro. Nelle cose di Dio il consigliere è occasione di scandalo se col pretesto della religione e della dottrina tenta di indurre a qualche rovinosa eresia. Quindi anche la mano destra sia interpretata come un caro aiutante e collaboratore

nelle opere che riguardano Dio. Infatti come nell'occhio s'intende la contemplazione, così nella mano giustamente l'azione in modo che la mano sinistra si ravvisi nelle opere che sono indispensabili a questa vita e al corpo.

Matrimonio e divorzio.

14. 39. È stato detto: Chi ripudierà la propria moglie le dia l'atto di ripudio 109. Questa giustizia minore è propria dei farisei e ad essa non è contrario ciò che dice il Signore: Io invece vi dico: chiunque rimanderà la propria moglie, eccetto il caso di convivenza, la espone all'adulterio e chi sposa una ripudiata dal marito commette adulterio 110. Infatti chi ha comandato di darle l'atto di ripudio, non ha comandato che la moglie sia ripudiata, ma ingiunge: Chi la ripudierà le dia l'atto di ripudio affinché la preoccupazione dell'atto frenasse lo sdegno ingiustificato di chi ripudia. Chi dunque ha imposto una dilazione ha indicato, per quanto gli è stato possibile, a uomini duri che non voleva la rottura. E quindi il Signore stesso in un'altra circostanza, interrogato in proposito rispose così: Mosè l'ha disposto per la durezza del vostro cuore 111. Sebbene infatti fosse un duro colui che voleva ripudiare la moglie, si sarebbe facilmente messo in pace pensando che con la consegna dell'atto di divorzio ormai senza danno essa poteva sposarsi

con un altro. Quindi il Signore, per confermare che non ripudi la moglie con disinvoltura, ha accettato il solo caso della convivenza e ingiunge che tutte le altre difficoltà, se eventualmente vi fossero, siano tollerate con coraggio per la fedeltà coniugale e per la castità; afferma inoltre che è un adultero chi sposasse una donna divorziata dal marito. Paolo ha mostrato il limite di questo obbligo, perché dice che si deve rispettare fino a quando vive il marito di lei e dopo la sua morte le consente di sposarsi 112. Anche egli ha tenuto presente questa norma, e in essa non un proprio criterio, come in alcuni avvertimenti, ma ha indicato l'ordinamento della prescrizione del Signore, quando dice: Agli sposati ordino, non io ma il Signore, che la moglie non si separi dal marito e se si è separata, rimanga senza sposarsi o si riconcili con suo marito; e il marito non ripudi la moglie 113. Penso che con tale norma il marito, se l'ha ripudiata, non deve sposarne un'altra, ma riconciliarsi con la moglie. Può avvenire che rimandi la moglie nel caso di convivenza che il Signore ha inteso escludere. Ora se a lei non è consentito di sposarsi, se è vivo il marito da cui si è separata, né a lui di sposarne un'altra, se è viva la moglie che ha rimandato, molto meno è consentito di commettere peccaminose violenze carnali con qualsiasi donna. Più fortunati si devono considerare quei matrimoni i quali, sia dopo aver messo al mondo i figli, sia anche per il rifiuto della prole, abbiano potuto con reciproco consenso osservare la continenza. Infatti questo non avviene contro il comandamento con cui il Signore vieta di ripudiare la moglie, perché non la ripudia chi convive con lei non secondo la carne, ma secondo lo spirito. D'altra parte si osserva quel consiglio, di cui l'Apostolo dice: Per il resto coloro che hanno moglie vivano come se non l'avessero 114.

Odio e amore nel tempo.

15. 40. Di solito turba di più la coscienza degli ingenui, che tuttavia già bramano di vivere secondo i comandamenti di Cristo, ciò che il Signore stesso dice in un altro passo: Chi viene a me e non odia il padre, la madre, la moglie, i figli, i fratelli, le sorelle e perfino la propria anima non può essere mio discepolo 115. Per i meno intelligenti può sembrare contraddittorio che in un passo proibisce di rimandare la moglie, eccetto il caso di fornicazione, in un altro nega che può essere suo discepolo chi non odierà la moglie. Che se lo dicesse per l'accoppiamento non porrebbe sullo stesso piano padre e madre e fratelli. Ma è molto vero che il regno dei cieli è oggetto di forza e coloro che usano la forza lo conseguono 116. Di questa forza si ha bisogno perché l'uomo ami i nemici e odi padre madre moglie figli e fratelli. Infatti l'uno e l'altro adempimento ingiunge colui che ci invita al regno dei cieli. Ed è facile comprendere col suo insegnamento che queste disposizioni non sono

contraddittorie, ma una volta comprese, è difficile metterle in pratica, sebbene anche in questo caso col suo aiuto è facile. Invero il regno eterno, al quale si è degnato di chiamare i suoi discepoli, che dichiara anche fratelli 117, non ha tali soggezioni al tempo. Infatti non v'è Giudeo, né Greco, né maschio, né femmina, né schiavo, né libero, ma Cristo è tutto in tutti 118. E il Signore stesso dice: Alla risurrezione non prenderanno né marito né moglie, ma saranno come gli angeli in cielo 119. È necessario dunque che chi vorrà già fin d'ora riflettere sulla vita di quel regno, odi non gli uomini ma queste soggezioni al tempo, con cui si sostenta questa vita fluente che trascorre col nascere e col morire. Chi non odia questo stato non ama ancora quella vita, in cui non si avrà il condizionamento del nascere e morire che stringe i rapporti matrimoniali.

Amore e odio nell'eternità.

15. 41. Faccio l'ipotesi d'interrogare un buon cristiano, che ha comunque la moglie e con essa mette ancora figli al mondo, se la vuole avere con sé come moglie nel regno di Dio. Memore certamente delle promesse di Dio e di quella vita, in cui questo essere soggetto al divenire assumerà l'immunità dal divenire e questo essere soggetto alla morte assumerà l'immunità dalla morte 120, già attratto da un grande o per lo meno da un certo amore per quella vita, con

orrore risponderà che non lo vuole assolutamente. Se di nuovo lo interrogassi se dopo la risurrezione vuole che la moglie viva con lui nella conseguita immunità dal divenire propria degli angeli, promessa ai santi, risponderà che lo vuole ardentemente come non voleva l'altro. Così si riscontra che il buon cristiano ama nella donna la creatura di Dio e desidera che lei sia restituita all'essenza pura e a una nuova esistenza, ma odia il congiungimento e l'accoppiamento soggetti al divenire e al morire, ossia ama in lei che è una creatura umana, odia che è moglie. Così ama anche il nemico, non in quanto è nemico, ma in quanto è uomo, sicché desidera che a lui pervenga la condizione che desidera per sé, ossia che restituito al bene e alla nuova esistenza giunga nel regno dei cieli. Questo si deve intendere anche del padre, della madre e degli altri vincoli del sangue 121, sicché in essi odiamo quel che il genere umano ha ottenuto con la nascita e la morte e amiamo ciò che con noi può essere condotto in quel regno, perché in esso nessuno dice: Padre mio, ma tutti all'unico Dio: Padre nostro 122; non: Madre mia, ma tutti alla Gerusalemme del regno: Madre nostra 123; né: Fratello mio, ma tutti per tutti: Fratello nostro 124. L'unione poi per noi, raccolti assieme a lui nell'unità, sarà come di un solo coniuge 125, perché ci ha liberato dalla prostituzione di questo mondo con l'effusione del proprio sangue. È necessario dunque che il discepolo di Cristo odi i beni che passano in coloro che desidera vengano con lui ai beni che rimarranno per sempre e tanto più li odi in loro quanto più li ama.

Vario rapporto con la moglie.

15. 42. Dunque il cristiano può vivere in concordia con la moglie, sia per ottenere la placazione del senso, e questo, come dice l'Apostolo, per condiscendenza non per obbligo 126; sia per ottenere la procreazione dei figli, e questo in certo senso può esser lodevole; sia per avere un vincolo fraterno senza accoppiamento, avendo la moglie come se non l'avesse 127, e questo nel matrimonio dei Cristiani è uso assai dignitoso e nobile, purché odi in lei il pretesto del bisogno nel tempo e ami la speranza della felicità nell'eternità. Infatti odiamo senza dubbio ciò che desideriamo che alfine non sia più, come la vita stessa del mondo attuale che se non odiassimo perché nel tempo, non desidereremmo la futura che non è soggetta al tempo. Per una tal vita è stata creata l'anima, di cui è stato detto: Chi inoltre non odierà la propria anima non può essere mio discepolo 128. A questa vita è indispensabile questo cibo, che si altera, di cui il Signore stesso dice: Forse che l'anima non vale più del cibo 129, cioè questa vita a cui è indispensabile il cibo. E quando dice che dà la propria anima per le sue pecore 130, parla certamente di questa vita, perché dichiara che dovrà morire per noi.

Parità di diritti fra coniugi.

16. 43. Sorge qui un altro problema. Poiché il Signore permette di ripudiare la moglie nel caso di fornicazione, ci si chiede in qual senso in questo brano si deve intendere la fornicazione: se nel senso in cui tutti la intendono, sicché ammettiamo che è indicata la fornicazione che si commette negli atti libidinosi, ovvero nel senso in cui la Scrittura, come è stato detto poco fa, di solito denomina fornicazione ogni dissoluzione immorale, come è l'idolatria o l'avarizia e da ciò ogni trasgressione della Legge a causa d'un illecito desiderio. Ma consultiamo l'Apostolo per non dire qualcosa senza criterio. Egli dice: A coloro che sono uniti in matrimonio comando, non io ma il Signore, che la moglie non si separi dal marito e se si è separata, che rimanga senza sposarsi o si riconcili col marito 131. Può avvenire che si separi per un motivo che il Signore ha permesso. Ovvero se alla donna è consentito rimandare il marito anche senza il motivo della fornicazione e non è consentito al marito, che cosa risponderemo su quel che ha detto di seguito: E il marito non rimandi la moglie 132? Perché non ha aggiunto: Eccetto il caso di fornicazione, dato che il Signore l'ha permesso? Evidentemente perché vuole che s'intenda la medesima formula, cioè che se l'ha rimandata, che è permesso nel caso di fornicazione, rimanga senza moglie o si riconcili con lei. Infatti non contro l'onestà si sarebbe riconciliato il marito con quella

donna alla quale, poiché nessuno osò lapidarla, il Signore disse: Va' e non peccar più 133. Infatti anche chi dice: Non è lecito rimandare la moglie, salvo il caso di fornicazione, obbliga a ritenerla, se non v'è il motivo della fornicazione; se vi fosse, non obbliga a rimandarla, ma lo permette. Allo stesso modo si dice: Non è lecito alla donna sposare un altro se non dopo la morte del marito; se si sposasse prima della morte di lui, è colpevole; se invece dopo la morte del marito non si sposasse, non è colpevole perché non le è stato obbligato di sposare, ma permesso 134. Se dunque è uguale la formula in questo aspetto giuridico del matrimonio tra il marito e la moglie al punto che non solo della donna il medesimo Apostolo ha detto: La donna non ha il potere del suo corpo, ma l'uomo; ma anche di lui non ha taciuto dicendo: Egualmente anche l'uomo non ha il potere del suo corpo, ma la donna 135; se dunque identica è la formula, non si deve pensare che è lecito alla donna di rimandare il marito, salvo il caso di fornicazione, come non è lecito al marito.

Concessione di Paolo sul coniuge pagano...

16. 44. Si deve esaminare quindi in qual senso dobbiamo intendere la fornicazione e consultare, come avevamo incominciato, l'Apostolo. Egli continua e dice: Agli altri dico io, non il Signore136. In questo passo prima si deve considerare chi sono

gli altri; precedentemente dalla prospettiva del Signore parlava a coloro che sono nel vincolo coniugale; ora invece dalla propria prospettiva agli altri; dunque qui forse a coloro che non sono nel vincolo coniugale, ma non è questo il seguito. Infatti soggiunge: Se un cristiano ha la moglie pagana ed essa consente di abitare con lui, non la rimandi. Dunque anche qui parla di coloro che sono nel vincolo coniugale. Che significa dunque la sua espressione Agli altri? Evidentemente perché prima parlava a coloro che sono così uniti da essere l'uno e l'altra nella fede di Cristo; ora invece parla agli altri, cioè a coloro che sono così uniti senza essere l'uno e l'altra cristiani. Ma che dice ad essi?Se un cristiano ha la moglie pagana ed essa è d'accordo di stare con lui, non la rimandi; e se una donna ha il marito infedele ed egli è d'accordo di stare con lei, non rimandi il marito 137. Se dunque non obbliga dalla prospettiva del Signore, ma consiglia dalla propria prospettiva, anche questo è bene, sicché chi si comportasse diversamente non è violatore di un obbligo. Anche sulle vergini poco dopo dice che non ha un comando del Signore, ma che dà un consiglio e loda in tal modo la verginità da attrarre colei che volesse, ma non in modo che se non adempisse, si giudichi che ha trasgredito un comando 138. Sono cose diverse ciò che si comanda, ciò che si consiglia e ciò che si scusa. La donna è obbligata a non separarsi dal marito e se si è separata, a rimanere senza sposarsi o a riconciliarsi col marito, quindi non è consentito agire diversamente. Invece il cristiano è consigliato, se ha la moglie pagana che è d'accordo di stare con lui, di non rimandarla, quindi è consentito di rimandarla perché non v'è il comando del Signore di non rimandarla, ma il consiglio dell'Apostolo. Allo stesso modo si consiglia alla giovinetta di non sposarsi, ma se si sposerà, non osserverà il consiglio, ma non agirà contro un obbligo. Infine si permette, quando si dice: Vi dico questo per comprensione e non per comando 139. Perciò se è consentito rimandare il coniuge infedele, sebbene sia meglio non rimandarlo e tuttavia non è consentito secondo il comando del Signore di rimandare il coniuge, se non nel caso di fornicazione, anche la mancanza di fede è fornicazione.

...perché si redimono a vicenda.

16. 45. Ma che dici tu, o Apostolo? Evidentemente che il cristiano non rimandi la moglie pagana che è d'accordo di stare con lui. Sì, afferma. Poiché dunque anche il Signore comanda che il marito non rimandi la moglie, salvo il caso di fornicazione, perché in questo caso dici: Lo dico io, non il Signore 140? Evidentemente perché l'idolatria praticata dai pagani e qualsiasi dannosa credenza è fornicazione. Il Signore ha permesso, nel caso di fornicazione, che la moglie fosse ripudiata, ma poiché ha permesso non

obbligato, ha dato modo all'Apostolo di consigliare che chi volesse non ripudi la moglie pagana, perché così eventualmente potrebbe divenire cristiana. Dice: Infatti il marito pagano viene reso alla grazia nella moglie e la moglie pagana nel marito cristiano 141. Come penso, era già avvenuto che alcune donne giungevano alla fede attraverso i mariti cristiani e i mariti attraverso le mogli cristiane; e quantunque senza far nomi, ha esortato con gli esempi a consolidare il proprio consiglio. Poi continua: Diversamente i vostri figli sarebbero impuri, invece ora sono resi alla grazia 142. Vi erano già infatti dei fanciulli cristiani che erano stati resi alla grazia o col sostegno di uno dei genitori o col consenso di entrambi. E questo non sarebbe avvenuto se da colui che credeva fosse sciolto il matrimonio e non fosse sopportata la mancanza di fede nel coniuge fino al momento favorevole del credere. Tale è il consiglio di colui al quale, come credo, fu detto: Se spenderai di più, al mio ritorno te lo restituirò 143.

Analogia del concetto di fornicazione.

16. 46. Quindi se la mancanza di fede è fornicazione e se l'idolatria è mancanza di fede e l'avarizia idolatria, non si deve dubitare che l'avarizia è fornicazione. Chi dunque può ormai con criterio distinguere ogni illecito desiderio dal concetto generale di fornicazione se l'avarizia è fornicazione?

Se ne deduce che a causa degli illeciti desideri, non solo quelli che con atti libidinosi si commettono con i mariti e le mogli degli altri, ma assolutamente a causa dei desideri di qualunque specie i quali distolgono dalla legge di Dio l'anima che usa male del corpo e la danneggiano con rovina e disonore, senza colpa può il marito rimandare la moglie e la moglie il marito perché il Signore eccepisce il caso della fornicazione. Siamo costretti appunto a intendere, come è stato discusso precedentemente, la fornicazione con significato generico e universale.

Parità di doveri fra uomo e donna.

16. 47. Quando ha detto: Eccetto il caso di fornicazione, non ha indicato di chi di loro, dell'uomo o della donna. Infatti non si concede di ripudiare soltanto la moglie colpevole di fornicazione, ma anche chiunque rimanda la moglie, da cui egli stesso è costretto a fornicare, certamente la rimanda per motivo di fornicazione. Poniamo l'esempio d'una moglie che costringe il marito a sacrificare agli idoli. Chi ripudia una tal donna, la ripudia per motivo di fornicazione, non solo di lei, ma anche proprio, di lei perché colpevole di fornicazione, proprio per non fornicare. Nulla v'è infatti di più ingiustificato che per motivo di fornicazione ripudiare la moglie, se si dimostra che anche egli ha commesso fornicazione. Sovviene quel passo: Per il fatto che tu giudichi l'altro

condanni te stesso, perché commetti le medesime colpe che giudichi 144. Perciò chiunque per motivo di fornicazione vuole ripudiare la moglie, deve prima essere immune dalla fornicazione; lo devo dire anche per la donna.

Alcune ipotesi sul rapporto coniugale.

16. 48. Sull'inciso: Chi sposa una ripudiata dal marito commette adulterio 145 si può discutere se commette allo stesso modo adulterio colui che la sposa e colei che egli sposa. Infatti lei è obbligata a rimanere senza sposarsi o a riconciliarsi, ma se si fosse separata dal marito, dice l'Apostolo 146. È molto diverso il caso se ripudia o se è ripudiata. Se infatti lei ha ripudiato il marito e sposato un altro, è evidente che ha abbandonato il primo marito nel desiderio di cambiare matrimonio e questa è senza dubbio una risoluzione da adultera. Se invece viene ripudiata dal marito, con cui desiderava rimanere, secondo l'insegnamento del Signore commette adulterio chi la sposerà, ma è incerto se anche lei è coinvolta in tale colpa. Tuttavia molto meno si può determinare in quale modo, quando uomo e donna si uniscono con uniforme consenso, uno di essi sia adultero e l'altro no. A questo si aggiunge che, se commette adulterio egli sposando una donna che è separata dal marito, sebbene non ha ripudiato lei ma è stata ripudiata, essa gli fa commettere adulterio, fatto che egualmente il

Signore vieta. Se ne deduce che, tanto se è rimandata come se ha rimandato, è necessario che rimanga senza sposarsi o che si riconcili col marito.

Ipotesi sul permesso della moglie.

16. 49. Si pone anche il problema se il marito, nel caso che col permesso della moglie, o sterile o che non vuole subire l'accoppiamento, ricorresse a un'altra, non sposata né separata dal marito, possa essere senza la colpa del concubinaggio. Se ne ha un esempio nella narrazione dell'Antico Testamento 147. Però attualmente gli obblighi sono più alti e ad essi l'umanità è giunta attraverso quel cammino. Si devono quindi tener presenti per distinguere le tappe dell'economia della divina Provvidenza, che è venuta incontro al genere umano con ordine sovrano e non per arrogarsi delle norme di vita. Tuttavia formuliamo l'ipotesi che la norma dell'Apostolo che, cioè, la donna non ha potere sul suo corpo, ma l'uomo ed egualmente che l'uomo non ha potere sul suo corpo, ma la donna 148, si possa applicare al punto che, col permesso della moglie, che ha potere sul corpo del marito, l'uomo possa accoppiarsi con una donna, che non sia né moglie né separata dal marito. Però non si deve supporre che anche la donna lo possa fare col permesso del marito, perché lo esclude il buon senso di tutti.

Un caso singolare di adulterio.

16. 50. Tuttavia possono darsi alcuni motivi per cui sia plausibile che anche la moglie, col consenso del marito, lo possa fare, come si narra che sia avvenuto ad Antiochia una cinquantina di anni addietro ai tempi di Costanzo. Acindino allora prefetto, che poi fu anche console, mentre sollecitava un tale debitore di una libbra d'oro al fisco, per non saprei qual motivo, si adirò. E questo in tali alte magistrature è pericoloso perché ad essi ciò che va a genio è lecito, o meglio si presume che sia lecito. Lo minacciò giurando e affermando energicamente che se a un determinato giorno, che aveva stabilito, non versava l'oro in parola, sarebbe stato ucciso. Mentre dunque quegli era tenuto in un brutale stato di arresto e non poteva liberarsi da quel debito, cominciò a sovrastare e ad avvicinarsi il giorno tanto temuto. Aveva per caso una moglie bellissima, ma non aveva denaro per venire in aiuto al marito. Essendosi un ricco invaghito della bellezza di quella donna e avendo saputo che il marito di lei si trovava in quel frangente, mandò da lei promettendo di dare la libbra per una notte, se voleva unirsi coniugalmente a lui. Essa allora sapendo che non aveva lei il potere sul proprio corpo, ma il marito, riferì a lui, dicendo di esser pronta a farlo per il marito, se egli, signore del corpo coniugale, a cui era dovuta l'intera castità di esso, voleva che ciò avvenisse come di una cosa propria per la propria vita. Egli ringraziò e la autorizzò a farlo

non giudicando affatto che quello fosse un accoppiamento da adultera, perché non v'era libidine e lo richiedeva una grande carità per il marito col suo consenso e volere. La donna andò nella casa di campagna di quel ricco, fece quello che volle quello spudorato; ma lei diede il suo corpo soltanto per il marito che non voleva accoppiarsi, come di solito, ma sopravvivere. Lei prese l'oro, ma colui che glielo aveva dato con l'inganno sottrasse quel che aveva dato e sostituì un involto simile con la terra. Appena la donna, giunta in casa sua, se ne accorse, uscì con impeto sulla pubblica strada per gridare quel che aveva fatto per amore del marito e che per questo era stata costretta a farlo. Si reca dal prefetto, confessa tutto ed espone la frode che ha dovuto subire. Allora il prefetto, riconosciutosi colpevole, perché con le sue minacce si era giunti a quel punto, ingiunse, come se pronunziasse la sentenza contro un altro, che si versasse la libbra d'oro al fisco dai beni di Acindino e quella donna fosse accompagnata come padrona in quel terreno, da cui aveva avuto la terra invece dell'oro. Del fatto non discuto in un qualche senso. Sia consentito a ciascuno di giudicare come vuole, poiché il fatto non è stato derivato dai libri ispirati. Tuttavia alla narrazione del fatto l'umano sentimento non riprova quel che, col consenso del marito, è stato compiuto in quella donna come l'abbiamo biasimato precedentemente quando si trattava l'argomento senza quell'esempio. Ma in questo brano del Vangelo niente si deve considerare più attentamente del gran male che è nella fornicazione al punto che, sebbene i matrimoni siano resi indissolubili da un vincolo così forte, è stato eccepito soltanto questo motivo dello scioglimento. L'argomento della fornicazione ha così fine.

Riserve sul giuramento...

17. 51. Gesù continua: Avete inteso che fu detto agli antichi: Non spergiurare, ma adempirai col Signore il tuo giuramento. Io invece vi dico di non giurare affatto, né per il cielo perché è il trono di Dio, né per la terra perché è lo sgabello dei suoi piedi, né per Gerusalemme perché è la città del gran re. Non giurare neanche per la tua testa, perché non hai il potere di rendere bianco o nero un solo capello. Sia invece il vostro discorso: sì, sì, no, no; il di più è dal male 149. La virtù dei Farisei consiste nel non spergiurare. La conferma chi proibisce di giurare perché questo appartiene alla virtù del regno dei cieli. Come infatti non può dire il falso chi non parla, così non può spergiurare chi non giura. Però poiché giura chi invoca Dio come testimonio, si deve attentamente esaminare questo brano affinché non sembri che l'Apostolo ha agito contro il comandamento del Signore, poiché ha frequentemente giurato in questo senso, quando dice: In ciò che vi scrivo io attesto davanti a Dio che non mentisco 150; e ancora: Dio e

Padre del Signore nostro Gesù Cristo che è benedetto nei secoli sa che non mentisco 151. È simile anche questo pensiero:Dio, al quale rendo culto nel mio spirito col Vangelo del suo Figlio, mi è testimone in qual modo nelle mie preghiere mi ricordo sempre di voi 152. Qualcuno potrebbe eccepire che si ha il giuramento quando si afferma che è vero l'essere per cui si giura, sicché Paolo non ha giurato perché non ha detto: Com'è vero Dio, ma ha detto: Dio mi è testimone. È ridicolo pensarlo. Tuttavia a causa degli ostinati e degli ottusi, affinché qualcuno non pensi che vi sia differenza, sappia che anche in questo modo ha giurato l'Apostolo nel dire: Ogni giorno io affronto la morte come è vero che voi siete il mio vanto 153. Non si pensi che la frase significhi: Il vostro vanto mi fa affrontare ogni giorno la morte, come in quest'altra frase: Mediante il suo insegnamento è stato istruito, cioè mediante il suo insegnamento si è ottenuto che fosse perfettamente istruito. Il testo greco discrimina, perché in esso è scritto: Νὴ τὴν ὑμετέραν καύχησιν, modo di dire che si proferisce soltanto da chi giura. Per questo dunque si capisce che il Signore ha ingiunto di non giurare, affinché l'uomo non ricorra al giuramento come a un'azione buona e con l'abitudine di giurare non incorra nello spergiuro. Perciò chi capisce che il giuramento si deve usare non nelle buone azioni ma in casi di necessità, si freni, per quanto gli è possibile, per usarlo soltanto per bisogno, quando avverte che gli individui sono renitenti a credere una verità, che è loro utile credere, se non viene confermata col giuramento. Attiene a questo il pensiero: Sia il vostro discorso: sì sì, no no. Questo è un bene e da conseguire. Il di più è dal male 154, cioè se sei costretto a giurare, sappi che proviene dalla debolezza di coloro ai quali inculchi qualche verità. E questa debolezza è certamente un male, dal quale ogni giorno invochiamo di essere liberati, quando diciamo:Liberaci dal male 155. Perciò non ha detto: il di più è un male; tu infatti non commetti un'azione malvagia perché usi bene del giuramento il quale, sebbene non buono, è tuttavia indispensabile per convincere l'altro di ciò che inculchi utilmente, ma esso proviene dal male di colui, dalla cui debolezza sei costretto a giurare. Ma soltanto chi lo ha sperimentato sa quanto sia difficile reprimere l'abitudine di giurare e di non compiere mai sconsideratamente un atto che talora la necessità costringe a compiere.

...perché impegna sempre l'essere divino.

17. 52. Poi si può esaminare perché dopo la frase: Io vi dico di non giurare è stato aggiunto: Né per il cielo perché è il trono di Dio e il resto fino alle parole: Né per la tua testa 156. Credo per il fatto che i Giudei non ritenevano di doversi attenere al giuramento, se avevano giurato per quei motivi. E poiché avevano

udito dalla Scrittura: Manterrai al Signore il tuo giuramento 157, pensavano di non dover mantenere al Signore il giuramento, se giuravano per il cielo o la terra, o per Gerusalemme o la propria testa. Questo avveniva non per omissione di chi comandava, ma perché essi interpretavano male. Quindi il Signore insegna che nelle creature di Dio non v'è essere così vile che qualcuno presuma di spergiurare per esso, poiché dai più grandi ai più piccoli sono retti dalla divina Provvidenza, iniziando dal trono di Dio fino al capello bianco o nero. Dice: Né per il cielo perché è il trono di Dio, né per la terra perché è lo sgabello dei suoi piedi 158, cioè quando giuri per il cielo o per la terra, non supporre di non dovere al Signore il tuo giuramento perché sei indotto a giurare com'è vero lui, in quanto il cielo è il suo trono 159 e la terra il suo sgabello. Né per Gerusalemme perché è la città del gran re 160; è meglio che se dicesse: mia, sebbene è evidente che l'ha detto. E poiché egli ne è il Signore, deve il giuramento al Signore chi giura per Gerusalemme. E non giurare neanche per la tua testa 161. Che cosa un uomo poteva considerare che appartenesse di più a sé che la propria testa? Ma in che modo è nostra, se non abbiamo il potere di rendere in essa un capello bianco o nero? Quindi deve il giuramento a Dio, che misteriosamente regge il tutto ed è dovunque presente, chiunque vorrà giurare anche com'è vera la propria testa. Da qui si intendono anche gli altri modi che certamente non tutti si potevano allegare, ad esempio quello che abbiamo riferito come enunziato dall'Apostolo: Ogni giorno affronto la morte, come è vero che voi siete il mio vanto. E per dimostrare che doveva al Signore tale giuramento, aggiunse: Che ho in Cristo Gesù 162.

Implicazione di cielo e terra.

17. 53. Tuttavia a motivo dei materialisti affermo: Non si deve interpretare la frase che il cielo è il trono di Dio e la terra lo sgabello dei suoi piedi nel senso che Dio ha disposte le membra in cielo e in terra nella posa con cui noi sediamo, ma quella disposizione significa il giudizio. E poiché in tutto il complesso del mondo il cielo ha la più grande leggiadria e la più piccola la terra, come se la divina potenza sia più presente alla splendida bellezza e ordini quella inferiore nelle parti più lontane e più basse, si dice che siede nel cielo e che calca la terra. In senso spirituale il concetto di cielo indica le anime elette e quello di terra le peccatrici. E poiché l'uomo spirituale giudica tutte le cose e non è giudicato da nessuno 163, giustamente è considerato trono di Dio. Il peccatore invece, a cui fu detto: Sei terra e alla terra tornerai 164, poiché mediante la giustizia, che retribuisce secondo i meriti, è disposto in basso e, poiché egli che non è voluto rimanere nella legge, è punito dalla legge, convenientemente è considerato sgabello dei piedi di Dio.

Superamento del male nella fame e sete della virtù.

18. 54. Ma ormai per concludere anche questo argomento importante, che cosa di più travagliato e impegnativo si può dire o pensare, quando una coscienza devota pone in atto tutte le energie della propria attività, che superare un'abitudine viziosa? Tagli le membra che ostacolano il regno dei cieli e non sia fiaccata dal dolore. Sopporti nella fedeltà coniugale tutte le difficoltà che, sebbene assai moleste, tuttavia non comportano il reato di un disonesto pervertimento, cioè della fornicazione. Ad esempio se uno avesse una moglie sterile o deforme nel corpo o debole di membra, cieca o sorda o zoppa o con qualche altra imperfezione, o affranta da malattie, dolori, depressioni e qualsiasi cosa di veramente raccapricciante si possa pensare, eccettuata la fornicazione, lo sopporti per la fede e per l'umana convivenza. E non solo non ripudi una tale moglie, ma anche se non l'avesse, non sposi una separata dal marito e bella sana ricca e prolifica. E se non è lecito compiere queste azioni, molto meno si ritenga che gli sia consentito di attuare un altro qualsiasi illecito accoppiamento e fugga la fornicazione per trarsi da ogni indecoroso pervertimento. Dica il vero e non lo confermi con i frequenti giuramenti, ma con la onestà del costume. Accorrendo alla rocca del combattimento cristiano, come da un luogo più alto abbatta le innumerevoli schiere, a sé ribelli, di tutte le cattive abitudini, di cui poche sono state elencate

affinché tutte fossero conosciute. Ma chi osa intraprendere tante fatiche se non chi arde in tale modo dell'amore alla virtù che, fortemente infiammato come da fame e sete e ritenendo insignificante la vita finché di essa non si sazia, compie ogni sforzo verso il regno dei cieli? Infatti, nel troncare nettamente le abitudini, non potrà essere forte in altro modo per affrontare tutti gli impegni che gli amatori di questo mondo considerano penosi, affannosi e del tutto difficili. Beati dunque quelli che hanno sete e fame della virtù perché saranno saziati. 165.

La beatitudine dei misericordiosi e l'amore al prossimo (18, 55 - 23, 80)

Confronto fra mite e misericordioso.

18. 55. Tuttavia in queste tribolazioni, quando un uomo incontra difficoltà, continuando il cammino per sentieri scabrosi e inagibili, aggredito da vari assalti e vedendo che da una parte e dall'altra si ergono gli ammassi della vita passata teme di poter continuare le opere intraprese, abbranchi il consiglio per meritare l'aiuto. E che cos'è altro il consiglio se non sopportare la debolezza degli altri e soccorrerla, quanto è possibile, perché desidera che alla propria si venga in aiuto da Dio. Quindi di conseguenza esaminiamo le opere di misericordia. Il mite e il misericordioso sembrano la medesima cosa, ma v'è questa differenza.

Il mite, di cui abbiamo trattato precedentemente, non contesta le massime divine, proferite contro i suoi peccati, e le parole di Dio che ancora non comprende. Però non fa del bene a colui che non contesta e a cui non si oppone; il misericordioso invece non si oppone in modo che fa qualcosa per la correzione di colui che con l'opposizione renderebbe peggiore.

Generosità e condiscendenza.

19. 56. Dunque il Signore continua con le parole: Avete inteso che fu detto: Occhio per occhio e dente per dente; ma io vi dico di non opporvi al malvagio; anzi se uno ti percuote la guancia destra, tu porgigli anche l'altra; e a chi ti vuol chiamare in giudizio per toglierti la tunica, tu lasciagli anche il mantello; e se uno ti costringerà a fare un miglio, tu fanne con lui due. Da' a chi ti domanda e a chi desidera da te un prestito non volgere le spalle 166. La minore virtù dei Farisei consiste nel non eccedere nella vendetta la misura affinché non renda in contraccambio più di quel che ha ricevuto; e questo è già un gran passo. Non è facile trovare chi, ricevuto un pugno, si limiti a restituirlo; e udita da uno che oltraggia una sola parola, si contenti di ricambiarla e tale che significhi la medesima cosa; ma si vendica più sfrenatamente o perché sconvolto dall'ira o perché ritiene che chi ha oltraggiato per primo sia oltraggiato più gravemente di come è stato oltraggiato colui che

non lo aveva oltraggiato. La Legge in cui era scritto: Occhio per occhio e dente per dente 167 frenò in gran parte tale modo di pensare. Con questi termini è indicata la misura, sicché la vendetta non superi l'oltraggio. Ed è il cominciamento della pace, ma è perfetta pace non volere affatto la vendetta.

Gradi fino alla misericordia.

19. 57. Dunque fra quel comportamento, che è contro la Legge, di rendere un male maggiore per uno minore e fra questo, che il Signore indica per istruire i discepoli, di non rendere male per male, tiene una via di mezzo che si renda quanto si è avuto. Così attraverso questo comportamento è avvenuto, in riferimento alla diversità dei tempi, il passaggio dalla somma discordia alla somma concordia. Rifletti dunque quanto differisca chi per primo fa del male nell'intento di offendere e danneggiare da chi non ricambia, anche se offeso. Chi invece non ha fatto del male per primo, ma offeso ricambia più gravemente o di proposito o di fatto, si è allontanato un po' dalla somma iniquità e si è avvicinato alla somma virtù, ma ancora non osserva ciò che ha ordinato la Legge che è stata sancita mediante Mosè. Chi dunque restituisce il tanto che ha ricevuto, già dona qualche cosa, giacché chi nuoce non incorre in una pena così grande come quella che ha dovuto subire chi, pur innocente, è stato da lui offeso. Colui dunque, che non è venuto ad

abrogare la Legge ma a darle compimento 168, ha elevato questa virtù delle origini rendendola non severa ma misericordiosa. Ed ha lasciato capire che vi sono di mezzo altri due livelli e ha preferito parlare del punto più alto della misericordia. Ha infatti ancora qualche cosa da compiere chi non adempie la suddetta sublimità del comandamento, la quale è propria del regno dei cieli; ossia egli può restituire non in egual misura, ma di meno, ad esempio per due pugni uno o taglia l'orecchio in luogo di un occhio strappato. Da qui salendo in su chi non ricambia affatto si avvicina al comandamento del Signore, ma non vi giunge ancora. Al Signore sembra ancora poco, se in luogo del male che hai ricevuto non ricambi niente di male, se non sei disposto a sopportarne di più. Quindi non ha detto: Ma io vi dico di non rendere male per male, sebbene anche questo sia un grande comandamento, ma ha detto di non resistere al male in modo che tu non solo non ricambi quel che ti fosse inflitto, ma non resisti che te ne sia ancora inflitto. E questa massima si ha in quel che dice di seguito: Se qualcuno ti colpisse sulla tua guancia destra, porgigli anche l'altra 169. Non ha detto: Se qualcuno ti colpisse, non colpirlo, ma disponiti a lui che ti colpisce ancora. Intendono che il comandamento appartiene alla misericordia soprattutto coloro che si prodigano per coloro che grandemente amano, come figli o altre persone molto care ammalate, o bambini o frenetici. Da essi spesso subiscono molte sofferenze e se la loro salute lo richiede, si offrono a sopportarne di più, fino a quando termina la crisi dell'età o della malattia. Che altro dunque il Signore, medico delle anime, poteva insegnare a quelli che educava a curare il prossimo, se non di sopportare con animo tranquillo le deficienze di coloro alla cui salute volevano provvedere? Ogni disonestà infatti deriva dalla deficienza della coscienza, perché non v'è nulla di più innocente di chi è perfetto nella virtù.

Simbolismo della guancia destra.

19. 58. Si può esaminare anche che cosa significhi la guancia destra. Così si legge infatti nei codici greci, a cui si deve maggior credito. Invece molti codici latini riportano soltanto guancia, non destra. Il viso è quella parte dalla quale si riconosce l'individuo. Leggiamo nell'Apostolo: Voi sopportate se qualcuno vi riduce in schiavitù, se vi divora, se vi sfrutta, se è arrogante, se vi colpisce sul viso; poi soggiunge: Lo dico con vergogna 170, per indicare che cosa significa esser colpito nel viso, cioè essere vilipeso e disprezzato. E l'Apostolo non lo dice affinché non sopportassero quei tali, ma sopportassero lui che li amava in modo tale da sacrificare per loro se stesso 171. Ma poiché il viso non si può considerare destro o sinistro e tuttavia la riputazione può essere secondo Dio e secondo il mondo, viene assegnata, per così dire, alla guancia

destra e sinistra, in modo che se in qualche discepolo di Cristo si biasimasse il fatto che è cristiano, egli sia disposto che in lui si biasimi di più se ha alcune onorificenze del mondo. Ad esempio l'Apostolo stesso, quando gli uomini condannavano in lui il nome cristiano, se taceva dell'onore che aveva nel mondo, non porgeva l'altra guancia a quelli che gli colpivano la destra. Infatti il dire: Sono cittadino romano 172 non significa che non era disposto che da quelli, che in lui biasimavano un nome di tanto valore e dignità, si biasimasse questo onore che egli considerava tanto inferiore. Forseché in seguito sopportò di meno le catene, che non era lecito imporre ai cittadini romani o decise di accusare qualcuno di questa ingiustizia? E se alcuni per il titolo della cittadinanza romana lo risparmiarono, tuttavia egli presentò loro qualcosa da colpire in quanto con la propria sopportazione desiderava emendarli da tanto pervertimento, perché avvertiva che in lui onoravano più la parte sinistra che la destra. Si deve infatti porre molta attenzione con quale sentimento compisse ogni azione, con quanta benevolenza e dolcezza verso coloro dai quali subì quelle offese. Anche la frase: Dio percuoterà te, muro imbiancato, che apparentemente proferì come ingiuria, quando per ordine del pontefice fu colpito con una manata sulla bocca 173, ai meno intelligenti sembra un'offesa, ma per gli intelligenti invece è una profezia. Il muro imbiancato è appunto l'ipocrisia, cioè la finzione che si pavoneggia della dignità sacerdotale e che sotto questo titolo, quale candida copertura, nasconde l'interiore sporcizia quasi fangosa. Difatti mantenne stupendamente quel che è proprio dell'umiltà, quando gli fu detto: Offendi il capo dei sacerdoti?; rispose: Non sapevo, o fratelli, che è il capo dei sacerdoti, perché è scritto: Non offendere il capo del tuo popolo 174. Mostrò così con quanta tranquillità avesse detto quelle parole che sembrava aver detto con ira, perché rispose con tanta prontezza e calma; e questo non è possibile che avvenga da parte di persone sdegnate e inquiete. E con la frase stessa ha detto il vero per coloro che comprendono:Non sapevo che è il capo dei sacerdoti, come se dicesse: Io ho conosciuto un altro capo dei sacerdoti, per il cui nome sopporto queste offese e che non è lecito insultare, ma che voi insultate poiché in me non avete odiato altro che il suo nome. Quindi è indispensabile non avere sempre in bocca con finzione certe parole, ma essere sempre disposto a tutto nel cuore, affinché ciascuno possa cantare le parole del Profeta: Pronto è il mio cuore, o Dio, pronto è il mio cuore 175. Molti infatti sanno porgere l'altra guancia, ma non sanno amare colui da cui sono colpiti. Il Signore, che per primo ha osservato i comandamenti che ha prescritto, al servo del sacerdote che l'aveva colpito sulla guancia, non porse l'altra, ma disse: Se ho parlato male, mostrami dov'è il male; se bene perché mi percuoti? 176. Ma non per questo non fu disposto nel cuore non solo a essere colpito sull'altra guancia per la salvezza di tutti, ma anche ad essere confitto in croce con tutto il corpo.

Generosità nel bene.

19. 59. Anche riguardo alla massima che segue: E a chi ti vuol chiamare in giudizio per toglierti la tunica tu lasciagli anche il mantello 177, si deve riflettere che è stata prescritta per rendere disponibile il cuore e non per ostentare un gesto. Ma quel che è stato detto della tunica e del mantello non si deve osservare soltanto per essi, ma per tutti i beni che per un qualche diritto civilmente consideriamo di nostra proprietà. E se questo è stato detto per le cose necessarie, tanto più conviene trattare con indifferenza le cose superflue. Tuttavia i beni che ho considerato di nostra proprietà si devono assegnare a quel rango che il Signore stesso ha imposto, quando dice: Se qualcuno ti vuol chiamare in giudizio per toglierti la tunica. Si intendano dunque tutti i beni per i quali ci si può chiamare in giudizio, in modo che da nostra proprietà passino alla proprietà di colui che chiama in giudizio o di colui a cui favore chiama in giudizio, come una veste, una casa, un terreno, un animale da tiro e in generale il denaro. È un grande problema se si devono includere anche gli schiavi. Invero non è conveniente che un cristiano possegga uno schiavo con la medesima attinenza che il cavallo

o l'argento, sebbene può avvenire che sia di prezzo più alto un cavallo che uno schiavo e molto di più un oggetto d'oro o d'argento. Ma se con maggiore lealtà e onestà e in forma più adatta a onorare Dio lo schiavo viene ammaestrato e dominato da te padrone che da colui che desidera averlo, non so se si può affermare che deve essere trattato come un mantello. Un uomo infatti deve amare un altro uomo come se stesso perché, come dimostrano gli argomenti successivi, dal Signore di tutti gli si impone di amare anche i nemici.

Significato di tunica e vestito...

19. 60. Si deve anche riflettere che ogni tunica è vestito, ma non ogni vestito è tunica. Il termine vestito quindi significa più indumenti che quello di tunica. Penso che è stato detto: A chi vuole chiamarti in giudizio per toglierti la tunica, cedigli anche il vestito nel senso: A chi volesse toglierti la tunica, cedigli un altro vestito che hai. Perciò alcuni hanno tradotto mantello il termine che in greco è ἱμάτιον.

...e di uno o due migli.

19. 61. E se uno ti costringerà, dice il Signore, a fare un miglio, fanne con lui altri due 178. E questo non tanto perché tu agisca con i piedi, quanto piuttosto perché sii disposto con la coscienza. Difatti nella stessa storia del cristianesimo, che ha credito, non

trovi che un tale comportamento sia stato attuato dai santi o dal Signore stesso, sebbene nell'uomo che si è degnato di assumere, ci offrì un esempio da seguire. Eppure apprendi che in tutti i paesi furono disposti a sopportare con animo sereno ogni difficoltà che fosse loro imposta ingiustamente. Ma possiamo pensare che per un modo di dire abbia detto: Fanne con lui altri due, oppure ha voluto che se ne facessero tre? Difatti con questo numero è simboleggiata la perfezione, affinché ognuno, quando compie questa azione, ricordi che esercita la virtù perfetta in quanto sopporta con benevolenza le infermità degli altri perché vuole che divengano sani. Si può riflettere che allo scopo ha proposto questi comandamenti anche con tre esempi, dei quali il primo è: se qualcuno ti colpisce sulla guancia; il secondo: se qualcuno vorrà toglierti la tunica; il terzo: se qualcuno ti costringerà a fare un miglio e in questo terzo esempio all'uno si aggiunge il due affinché si abbia il tre. Se un tale numero in questo passo non simboleggia, come è stato detto, la perfezione, s'interpreti che il Signore, nel comandare iniziando, per così dire, in termini più sopportabili, un po' alla volta ha aumentato fino a giungere a suggerire il doppio. Infatti ha voluto che in primo luogo si porgesse l'altra guancia, qualora fosse colpita la destra affinché tu sia disposto a sopportare meno di quel che hai già sopportato; difatti qualsiasi cosa simboleggi la destra, è certamente di maggior pregio di quel che simboleggia la sinistra e se qualcuno ha sopportato alcunché in un oggetto di maggior pregio, è meno doloroso sopportarlo in un oggetto di minor pregio. Poi ordina di cedere a colui, che vuol togliere la tunica, anche il mantello che è della stessa misura o non molto più ampio, comunque non il doppio. Al terzo posto, partendo dal miglio, a cui dice di aggiungerne altri due, ordina che tu sopporti qualche difficoltà fino al doppio indicando così che se qualcuno vorrà essere cattivo con te, si deve sopportare con rassegnazione sia un po' meno di quel che si è avuto prima o il medesimo o anche di più.

Due tipi di reazione all'ingiustizia.

20. 62. Noto che nella forma dei tre esempi non è stato tralasciato nessun tipo d'ingiustizia. Tutti i casi, in cui subiamo qualche cattiveria, si distinguono in due tipi, di cui uno si ha se non è possibile ricambiare, l'altro se è possibile. Ma in quello che non è possibile ricambiare di solito si ricorre all'espediente della punizione. Che cosa giova se tu colpito restituisci il colpo? Forseché quel che è stato danneggiato nel tuo corpo viene restituito alla piena integrità? Eppure una coscienza irrequieta desidera simili lenitivi, ma essi non giovano a una coscienza sana e robusta, anzi ritiene che la debolezza dell'altro si deve tollerare benevolmente anziché con l'altrui travaglio addolcire la propria perché non v'è.

Punizione e correzione.

20. 63. E in questo passo non si proibisce quella punizione che giova alla correzione. Anche essa infatti appartiene alla benevolenza e non impedisce quell'intenzione, con cui si è disposti a tollerare molte difficoltà da colui che si vuol correggere. Ma a contraccambiare una tal punizione è idoneo soltanto chi con l'intensità dell'affetto ha superato l'odio di cui abitualmente avvampano coloro che desiderano vendicarsi. Non si deve infatti temere che sembrino odiare il figlio fanciullo i genitori, quando, perché commette mancanze, le busca da loro affinché non le commetta più. Inoltre certamente la perfezione dell'amore ci viene indicata nell'imitazione dello stesso Dio Padre 179, quando di seguito si hanno le parole: Amate i vostri nemici, fate del bene a coloro che vi odiano e pregate per quelli che vi perseguitano 180. E tuttavia del Signore mediante il Profeta è detto: Il Signore corregge chi ama e sferza il figlio che accoglie 181. Anche il Signore dice: Il servo, che non conosce la volontà del suo padrone e commette azioni degne di punizione, riceverà poche percosse; ma il servo, che conosce la volontà del suo padrone e commette azioni degne di percosse, ne riceverà molte 182. Si esige quindi che punisca soltanto colui al quale, nell'ordine dei rapporti, è stato concesso il potere e punisca con l'intenzione con cui un padre punisce il suo bambino che egli, data l'età, non può odiare. È un esempio molto appropriato,

perché da esso si rileva abbastanza che si può per amore punire il peccato anziché lasciarlo impunito. Vuole appunto che colui, per il quale usa la punizione, non sia infelice per il castigo, ma felice per la correzione ed è pronto tuttavia, se ve n'è il bisogno, a sopportare molte difficoltà provocate da colui che vuole correggere, tanto se ha il potere di guidarlo, come se non l'ha.

Correzione anche mediante la morte.

20. 64. Alcuni uomini grandi e santi, i quali sapevano molto bene che la morte, la quale separa l'anima dal corpo, non si deve temere, tuttavia sulla base del sentimento di quelli che la temevano, hanno punito alcuni peccati con la morte, affinché ai vivi fosse suscitato un salutare timore e a quelli, che venivano puniti con la morte, non recasse danno la morte stessa, ma il peccato che poteva accrescersi se continuavano a vivere. Non giudicavano sconsideratamente perché Dio aveva accordato loro un simile giudizio. Da ciò dipende che Elia fece morire molti di propria mano o col fuoco ottenuto dall'alto 183; e molti altri grandi uomini di Dio non sconsideratamente lo hanno fatto nel medesimo intento di giovare alle cose umane. Una volta i discepoli citarono al Signore l'esempio del medesimo Elia, ricordando quel che era stato operato da lui affinché desse anche a loro il potere di ottenere il

fuoco dal cielo per sterminare quelli che non avevano loro accordato l'ospitalità. Il Signore rimproverò in essi non l'esempio del santo Profeta, ma l'ignoranza del saper punire, la quale persisteva ancora in persone non ammaestrate, osservando che essi non desideravano la correzione con amore, ma con odio la punizione 184. Quindi dopo averli ammaestrati che cosa significa amare il prossimo come se stessi 185, anche con l'infusione dello Spirito Santo che, come aveva promesso, inviò dall'alto dieci giorni dopo la sua ascensione 186, non mancarono tali punizioni, sebbene molto più raramente che nel Vecchio Testamento. Allora prevalentemente come schiavi erano asserviti col timore, poi principalmente con l'amore erano allevati come figli. Infatti, come leggiamo negliAtti degli Apostoli, alle parole dell'apostolo Pietro Anania e la moglie caddero esanimi e non furono risuscitati ma seppelliti 187.

Tommaso e l'opinione degli eretici.

20. 65. Ma se gli eretici non vogliono credere al libro in parola perché non accettano il Vecchio Testamento, considerino attentamente l'apostolo Paolo, che leggono come noi, quando di un peccatore, che consegnò a Satana per la morte del corpo, dice: Affinché l'anima sia salva 188. E se nel testo non vogliono rilevare la morte, perché forse è in dubbio, riconoscano una qualsivoglia punizione

operata dall'Apostolo mediante Satana. E che l'ha fatto non per odio ma per amore lo evidenzia quell'aggiunta: Affinché l'anima sia salva. Ovvero da quei libri, ai quali essi attribuiscono una grande autorità, prendano atto di quel che stiamo dicendo perché vi è scritto che l'apostolo Tommaso, pur avendo augurato a un tale che l'aveva schiaffeggiato sulla bocca, la punizione di una morte molto atroce, ne raccomanda tuttavia l'anima affinché le sia perdonato nell'altro mondo. Difatti un cane trasportò la mano, sbranata dal resto del corpo di quel tale ucciso da un leone, alla tavola da pranzo in cui l'apostolo stava mangiando 189. A noi è consentito non credere a quel libro perché non è nel canone cattolico, ma essi lo leggono e lo rispettano come molto autentico e veritiero; eppure non saprei per quale accecamento infieriscono con molta acrimonia contro le punizioni fisiche che sono nel Vecchio Testamento, perché non sanno con quale intenzione e con quale riferimento ai tempi sono avvenute.

Il terzo tipo di reazione.

20. 66. Dunque in questo genere d'ingiustizia, che si riscatta mediante la punizione, sarà dal cristiano osservata la regola seguente. Ricevuta l'ingiustizia non sorga l'odio, ma nella benevolenza verso la debolezza la coscienza sia disposta a sopportare molte difficoltà e non trascuri la correzione, per la quale può

giovarsi del consiglio, del prestigio o del potere. Si ha l'altro genere d'ingiustizie, quando si può restituire al completo. Ve ne sono due tipi: uno è relativo al denaro, l'altro all'azione. Quindi del primo è stato presentato l'esempio dalla tunica e dal mantello, dell'altro dalla costrizione del miglio e dei due migli, perché il mantello si può anche rendere, e colui che avrai aiutato col lavoro può anche egli aiutarti, se ve n'è bisogno. A meno che si debba usare preferibilmente un'altra distinzione. Il primo caso che è stato proposto sul colpo alla guancia, può simboleggiare tutte le offese che vengono inflitte dagli arroganti in modo che possono essere ricambiate soltanto con la punizione. Invece il secondo caso, che è stato proposto sul mantello può simboleggiare tutte le offese che si possono ricambiare senza la punizione; e per questo probabilmente è stato aggiunto: A chi vorrà chiamarti in giudizio 190, perché quel che viene tolto mediante la sentenza del giudice non si deve pensare che sia tolto con la violenza, alla quale è dovuta la punizione. Il terzo caso risulterebbe dell'uno e dell'altro in modo che si possa ricambiare senza la punizione e con la punizione. Infatti chi con la violenza si arroga senza la sentenza giudiziaria un'attività non dovuta, come fa chi obbliga con arroganza un individuo e costringe a farsi aiutare contro il diritto da un dissenziente, può espiare il castigo dell'arroganza e ricambiare l'attività, se gliela chiede chi ha dovuto subire la sua arroganza.

Il Signore insegna che in tutte queste forme d'ingiustizia la coscienza del cristiano dev'essere molto paziente e benevola e ben disposta a sopportare anche di più.

Dare a chi chiede.

20. 67. Ma poiché è poca cosa non danneggiare se, nei limiti del possibile, non fai anche del bene, a ragione soggiunge: Da' a ognuno che chiede e a chi vuole da te un prestito non volgere le spalle 191. Ha detto: A ognuno che chiede, non: A chi chiede tutto, affinché tu dia quel che puoi dare con onestà e giustizia. E se chiedesse denaro con cui tenta di opprimere un innocente? E se infine chiedesse un atto di violenza carnale? Ma per non dilungarmi nei vari casi che sono innumerevoli, si deve dare soltanto quel che non nuoce né a te né ad altri, per quanto si può conoscere o opinare dall'uomo. E per non rimandarlo a mani vuote, a colui al quale negherai quel che chiede, si deve segnalare la virtù in sé. Così tu darai a ognuno che chiede, sebbene non sempre darai quel che chiede. E talora darai qualcosa con maggiore bontà, se correggerai chi chiede cose ingiuste.

Il prestito.

20. 68. La frase: A chi vuole ricevere da te un prestito non volger le spalle si deve riferire alla coscienza

perché Dio ama chi dona con gioia 192. Prende in prestito chiunque riceve anche se non sarà lui a restituire. Ma poiché Dio restituisce in più ai misericordiosi, chiunque fa un favore dà ad interesse. Ma se non piace esaudire chi chiede in prestito salvo se riceve per restituire, si deve riflettere che il Signore ha congiunto due forme di prestito. Infatti o doniamo quel che diamo con benevolenza o imprestiamo a chi restituirà. E spesso gli individui, che in considerazione del premio divino sono disposti a donare, diventano restii a dare quel che si chiede in prestito come se non ricevessero una ricompensa da Dio per il fatto che il mutuatario restituisce il denaro che viene dato. Giustamente quindi l'autorità divina ci invita a questa forma di beneficenza con le parole: A chi vuole ricevere da te un prestito non volger le spalle, cioè non rendere la tua volontà indifferente per colui che ti chiede, come se il tuo denaro non fruttasse e Dio non te lo restituisse, perché te lo restituirà l'uomo. Ma poiché lo fai per ordine di Dio, esso non può rimanere senza frutto presso colui che impartisce questo ordine.

L'amore ai nemici.

21. 69. Poi soggiunge: Avete inteso che fu detto: Amerai il tuo prossimo e odierai il tuo nemico; ma io vi dico: Amate i vostri nemici, fate del bene a coloro che vi odiano e pregate per i vostri persecutori,

affinché siate figli del Padre vostro celeste, che fa sorgere il suo sole sopra i buoni e sopra i malvagi e fa piovere sopra i giusti e sopra gli ingiusti. Se infatti amate quelli che vi amano, quale merito ne avete? Non fanno così anche i pubblicani? E se salutate soltanto i vostri fratelli, cosa fate di straordinario? Non fanno così anche i pagani? Siate dunque perfetti come è perfetto il Padre vostro celeste 193. Senza questo amore, con cui ci si ordina di amare anche i nostri nemici e persecutori, chi potrebbe osservare le prescrizioni esposte precedentemente? La perfezione della benevolenza, con cui si fa molto del bene all'anima sofferente, non si può estendere al di là dell'amore al nemico. E perciò si conclude: Siate dunque perfetti come è perfetto il Padre vostro celeste 194, nel senso però che Dio s'intenda perfetto come Dio e l'anima perfetta come anima.

Confronto con la Legge.

21. 70. Che vi sia un certo avanzamento nei confronti della virtù dei Farisei, la quale è propria della Legge antica, si deduce dal fatto che molti individui odiano anche coloro, da cui sono amati, come i figli dissoluti odiano i genitori inibitori della loro dissolutezza. È salito quindi di un passo chi ama il prossimo, sebbene odi ancora il nemico. Per ordine di lui che è venuto a completare e non ad abrogare la Legge 195, l'uomo renderà perfetta la benevolenza e la generosità, se le

condurrà fino all'amore per il nemico. Infatti quell'avanzamento, sebbene sia qualcosa, è tuttavia così esiguo che potrebbe essere anche in linea con i pubblicani. E quel che è stato detto nella Legge: Odierai il tuo nemico 196 non si deve considerare come la parola di chi ordina a un virtuoso, ma di chi consente a un debole.

Apparenti maledizioni nella Bibbia.

21. 71. A questo punto sorge un problema che certamente per nessun motivo si deve passare sotto silenzio. Molte altre testimonianze della Sacra Scrittura a coloro che le esaminano meno attentamente e assennatamente sembrano contrarie a questo comandamento del Signore con cui ci esorta ad amare i nostri nemici, a fare del bene a quelli che ci odiano e a pregare per quelli che ci perseguitano. Anche nei libri profetici riscontriamo molte imprecazioni contro i nemici che sono considerate maledizioni, come questa: La loro tavola sia per essi un laccio 197 e il resto che ivi è scritto; e l'altra: I suoi figli rimangano orfani e vedova la sua moglie 198 e le altre espressioni che prima e dopo nel medesimo salmo si dicono contro la persona di Giuda mediante il Profeta. Molte altre espressioni si riscontrano da ogni parte nei libri della Scrittura che sembrano contrarie al comandamento del Signore e a quello dell'Apostolo:Benedite e non maledite 199, mentre

anche del Signore è stato scritto che maledisse le città che non avevano accolto la sua parola 200 e il suddetto Apostolo ha detto di un tale: Il Signore gli renderà secondo le sue opere 201.

Non maledizioni ma previsioni.

21. 72. Ma queste obiezioni si risolvono con facilità, perché il Profeta attraverso l'imprecazione previde ciò che sarebbe avvenuto, non nella brama di chi chiede ma nella ispirazione di chi prevede; così anche il Signore, così anche l'Apostolo, per quanto anche nelle loro parole non si riscontra che abbiano bramato ma predetto. Infatti, quando il Signore ha detto: Guai a te, Cafarnao, si avverte soltanto che alla città sarebbe capitata una sventura per colpa della miscredenza e che il Signore non desiderava questo per malevolenza ma lo antivedeva per divino intuito. E l'Apostolo non ha detto: gli renda, ma: Il Signore gli renderà secondo le sue opere ed è l'espressione di chi preannuncia e non di chi impreca. Così della celebre ipocrisia dei Giudei, di cui si è già parlato, poiché ne intuiva imminente il crollo, disse: Il Signore percuoterà te, muro imbiancato 202. I profeti poi son soliti prevalentemente di predire gli eventi futuri con l'allegoria di chi impreca, come hanno spesso vaticinato gli eventi futuri con l'allegoria del tempo passato, come nel passo: Perché si son mobilitate le genti e i popoli hanno fatto vani progetti? 203. Non

ha detto infatti: Perché si mobiliteranno le genti e i popoli faranno vani progetti?, poiché non ricordava quegli eventi come già trascorsi ma se li prospettava come futuri. Simile è anche il passo: Si divisero le mie vesti e sul mio mantello han gettato la sorte 204. Anche qui non ha detto: si divideranno le mie vesti e sul mio mantello getteranno la sorte. E tuttavia da queste parole non sofistica con malizia se non chi non avverte che la varietà delle allegorie nel parlare non sottrae nulla alla verità dei fatti e aggiunge molto ai sentimenti dell'animo.

Diversità di peccati.

22. 73. Ma rendono assillante questo problema le parole dell'apostolo Giovanni: Se uno sa che il proprio fratello commette un peccato che non è per la morte, pregherà per lui e Dio gli darà la vita perché non pecca per la morte; ma v'è un peccato che è per la morte, per questo dico di non pregare 205. Dichiara quindi apertamente che vi sono fratelli per i quali ci si comanda di non pregare, mentre il Signore ci comanda di pregare anche per i nostri persecutori 206. Il problema non si può risolvere, se non ammettiamo che nei fratelli vi sono alcuni peccati che sono più gravi della persecuzione dei nemici. Si può dimostrare con molte testimonianze dei libri della Sacra Scrittura che come fratelli sono indicati i Cristiani. È tuttavia molto chiaro il pensiero

che l'Apostolo esprime in questi termini: Il marito non cristiano è reso santo dalla moglie e la donna non cristiana per mezzo d'un fratello 207. Non ha aggiunto: nostro, ma l'ha ritenuto evidente, poiché con l'appellativo di fratello ha voluto che s'intendesse un cristiano che avesse la moglie non cristiana. Quindi poco dopo aggiunge: Ma se il non cristiano si vuol separare, si separi; in queste circostanze il cristiano o la cristiana non possono subire costrizioni da schiavi 208. Penso dunque che è per la morte il peccato del cristiano, quando dopo la conoscenza di Dio mediante il nostro Signor Gesù Cristo un individuo respinge la fratellanza cristiana e si dimena per istigazione dell'invidia contro la grazia stessa, mediante la quale si è riconciliato con Dio; invece il peccato non è per la morte, se un individuo non ha rimosso l'amore dal fratello cristiano, ma per una determinata debolezza della coscienza non ha adempiuto gli obblighi dovuti alla fratellanza cristiana. Per questo anche il Signore sulla croce ha detto: Padre, perdona a loro, perché non sanno quel che fanno 209. Difatti non avevano intrapreso la comunanza della santa fraternità, perché non erano ancora stati resi partecipi della grazia dello Spirito Santo. Anche Santo Stefano negli Atti degli Apostoli prega per coloro da cui era lapidato 210 perché non avevano ancora creduto in Cristo e non contrastavano la grazia della comunanza. E l'apostolo Paolo per questo, come credo, non prega per Alessandro, perché era già cristiano e aveva peccato per la morte, cioè ostacolando per invidia la fraternità cristiana. Prega invece per quelli che non avevano violato l'amore, ma avevano ceduto per paura, affinché si perdoni loro. Dice infatti: Il ramaio Alessandro mi ha procurato molte difficoltà; il Signore gli renderà secondo le sue opere. Guardatene anche tu, perché ha resistito accanitamente alla nostra predicazione. Quindi soggiunge per chi prega con le parole: Nella mia prima difesa in tribunale nessuno mi ha assistito, ma tutti mi hanno abbandonato, non se ne tenga conto contro di loro 211.

Diversità di pentimenti.

22. 74. Tale differenza di peccati distingue Giuda che tradisce 212 da Pietro che rinnega 213. Questo non perché non si debba perdonare a chi si pente, per non contraddire l'insegnamento del Signore con cui ha ordinato che per farsi perdonare dal fratello si deve sempre perdonare al fratello che lo chiede 214, ma perché è talmente grande la nefandezza di quel peccato che l'uomo non può piegarsi all'umiltà dell'implorare, sebbene la cattiva coscienza sia costretta a riconoscere e dichiarare il proprio peccato. Infatti Giuda, dopo aver detto: Ho peccato perché ho tradito il sangue di un giusto, corse tuttavia per disperazione al nodo scorsoio 215, anziché chiedere perdono nell'umiltà. Perciò fa molta differenza a

quale pentimento Dio perdoni. Molti infatti assai prontamente riconoscono di aver peccato e si sdegnano con se stessi, sicché intensamente vorrebbero non aver peccato, ma tuttavia non piegano la coscienza ad umiliare e sottomettere il cuore e a chiedere perdono. E si deve ammettere che a causa della gravità del peccato abbiano tale atteggiamento spirituale anche nei confronti della perdizione.

Peccati contro lo Spirito.

22. 75. Ed è questo forse peccare contro lo Spirito Santo, cioè attraverso la malvagità e l'invidia contrastare la carità fraterna dopo aver ricevuto la grazia dello Spirito Santo; e il Signore ha detto che questo peccato non sarà rimesso né in questo né nell'altro mondo 216. Si può quindi esaminare se i Giudei hanno peccato contro lo Spirito Santo quando han detto che il Signore scacciava i demòni in Bèlzebub, capo dei demòni. Si chiede, cioè, se dobbiamo intendere che questo oltraggio fu rivolto contro lo stesso Signore, perché in un altro passo dice di sé: Se han chiamato Bèlzebub il padrone di casa, quanto più i suoi familiari 217; oppure, dato che avevano parlato con grande invidia, ingrati della manifestazione di bontà tanto manifesta, si deve ritenere che, sebbene non fossero ancora cristiani, abbiano peccato contro lo Spirito Santo a causa dell'intensità dell'invidia. Infatti questa conclusione

non si deduce dalle parole del Signore. Quindi sebbene in quello stesso brano abbia detto: A chiunque dirà una parola blasfema contro il Figlio dell'uomo sarà perdonato, ma a chi la dirà contro lo Spirito Santo non sarà perdonato né in questo mondo né nell'altro 218, tuttavia può sembrare che l'abbia avvertiti a partecipare alla grazia e, dopo averla accolta, a non peccar più come avevano peccato in quel momento. In quel momento infatti hanno proferito una parola blasfema contro il Figlio dell'uomo e si può loro perdonare, se si convertiranno, crederanno a lui e riceveranno lo Spirito Santo; ricevutolo, se vorranno violare la fratellanza con l'invidia e profanare la grazia che hanno ricevuto, non si può loro perdonare né in questo mondo né nell'altro. Infatti se li avesse considerati già condannati, sicché per loro non rimaneva alcuna speranza, non li avrebbe considerati disposti alla correzione, quando aggiunse: O coltivate un albero buono e il suo frutto buono, o coltivate un albero cattivo e il suo frutto cattivo 219.

Diversità di intercessione.

22. 76. Dunque se si devono amare i nemici, fare del bene a quelli che ci odiano e pregare per quelli che ci perseguitano s'interpreti nel senso che per alcuni peccati, anche dei Cristiani, non è stato ordinato di pregare in modo che, a causa della nostra inettitudine,

la Sacra Scrittura non sembri in contraddizione con se stessa, perché questo non può avvenire. Ma ancora non è chiaro se come per alcuni non si deve pregare, così si debba pregare anche contro alcuni. In generale è stato detto: Benedite e non maledite 220 e ancora: Non ricambiando ad alcuno male per male 221. Se non preghi per un tale, non per questo preghi contro di lui. Puoi avvertire che è sicura la sua condanna e senza speranza la sua salvezza, ma non perché lo odi non preghi per lui, ma perché sei consapevole che tu non puoi giovargli e non vuoi che la tua preghiera sia respinta dal giustissimo Giudice. Ma che cosa dobbiamo dire di coloro contro i quali apprendiamo che si è pregato dai santi, non affinché si correggessero, perché in questo senso si è pregato piuttosto a loro favore, ma per la loro condanna finale? Quindi non come contro il traditore del Signore mediante il Profeta 222 perché fu, come è stato detto, una predizione del futuro, non una richiesta di condanna; neanche come dall'Apostolo contro Alessandro 223, poiché di questo si è discusso abbastanza, ma come leggiamo nell'Apocalisse di Giovanni che i martiri pregano per essere vendicati 224, sebbene il protomartire pregò affinché si perdonasse ai propri persecutori 225.

La preghiera dei martiri è contro il mondo.

22. 77. Ma non conviene lasciarsi convincere da

questo fatto. Chi infatti oserebbe decidere, dato che quei santi in bianche vesti chiesero di essere vendicati, se lo chiesero contro gli uomini o contro il regno del peccato. È infatti leale e colma di giustizia e benevolenza la vendetta dei martiri che sia abbattuto il regno del peccato perché durante il suo regno hanno tanto sofferto. Alla sua eversione incoraggia l'Apostolo dicendo: Non regni dunque il peccato nel vostro corpo mortale 226. Viene distrutto e abbattuto il regno del peccato in parte con l'emendamento degli uomini affinché la carne sia soggetta allo spirito, in parte con la condanna di coloro che persistono nel peccato, affinché rientrino nell'ordine di non poter essere avversi a coloro che regnano con Cristo. Pensa all'apostolo Paolo! Non ti sembra che vendica in se stesso il martire Stefano, quando dice: Faccio il pugile non come chi batte l'aria, ma freno il mio corpo e lo traggo in schiavitù 227? Un tale stimolo abbatteva e indeboliva se stesso e, una volta vintolo, lo riferiva al fatto di aver perseguitato Stefano e gli altri Cristiani. Chi può dunque dimostrare che i santi martiri non hanno invocato dal Signore una simile loro vendetta, se hanno potuto liberamente chiedere per la propria vendetta la fine di questo mondo, in cui hanno tanto sofferto? E coloro che così pregano, pregano anche a favore dei nemici, che sono degni di salvezza, e non pregano contro coloro che hanno preferito rimanere indegni della salvezza, perché anche Dio, punendoli, non è crudele torturatore ma un giustissimo ordinatore. Senza alcun dubbio dunque amiamo i nostri nemici, facciamo del bene a quelli che ci odiano e preghiamo per quelli che ci perseguitano.

Il perdono come figli del Padre.

23. 78. Quel che viene appresso: Affinché siate figli del Padre vostro che è nei cieli 228 si deve intendere sulla base di quel principio, per cui anche Giovanni afferma: Diede loro la facoltà di divenire figli di Dio 229. Uno solo per natura è Figlio ed egli non può assolutamente peccare; noi invece, ottenutane la facoltà, diventiamo figli in quanto eseguiamo quei doveri che da lui ci vengono imposti. Per questo l'insegnamento dell'Apostolo considera adozione quella con cui siamo chiamati all'eterna eredità affinché possiamo essere coeredi di Cristo 230. Diventiamo dunque figli con una rinascita spirituale e siamo adottati al regno di Dio, non come estranei, ma come ideati e creati da lui, ossia posti nell'essere. Quindi un primo dono è che ci ha fatti esistere mediante la sua onnipotenza, mentre prima eravamo un nulla; il secondo è che ci ha adottati affinché godessimo con lui della vita eterna come figli, in ricompensa della nostra adesione. Perciò non ha detto: Fatelo perché siete figli, ma: Fatelo per essere figli.

Simbolismo di sole e di pioggia.

23. 79. Poiché per mezzo dell'Unigenito ci chiama a questa dignità, ci chiama ad essere simili a lui. Egli infatti, come dice di seguito, fa sorgere il suo sole sui buoni e sui cattivi e fa piovere sui giusti e sugli ingiusti 231. Puoi intendere come suo sole non questo che è percettibile con gli occhi del corpo, ma la sapienza di cui è detto: È un riflesso della luce perenne; e di essa si dice anche: Si è levato per me il sole della giustizia 232; e ancora: Per voi che temete il nome del Signore sorgerà il sole di giustizia 233; e puoi intendere anche la pioggia come irrigazione della dottrina della verità, perché si è manifestata a buoni e cattivi e Cristo è stato annunziato a buoni e cattivi. Puoi intendere anche, se preferisci, come questo sole visibile esposto allo sguardo non solo degli uomini ma anche degli animali e la comune pioggia con cui si producono le vivande che sono concesse per l'alimentazione. E ritengo che questa interpretazione sia più attendibile, sicché il sole spirituale sorge soltanto per i buoni e i santi, perché di questo si lamentano i malvagi nel libro intitolato La sapienza di Salomone: Il sole non si è levato per noi234; anche la pioggia spirituale inonda soltanto i buoni, giacché la vigna, di cui è stato detto: Comanderò alle mie nubi di non piovere sopra di essa 235 simboleggia i cattivi. Ma sia che intendi l'uno o l'altro, il fatto si verifica per la grande bontà di Dio e ci viene imposto d'imitarla, se vogliamo essere

figli di Dio. E chi è tanto ingrato da non avvertire quanto benessere arrechino alla vita fisica la luce visibile e la comune pioggia? E osserviamo che questo benessere è offerto in questa vita egualmente agli onesti e ai disonesti. Poi non dice: Che fa sorgere il sole sui buoni e sui cattivi, ma aggiunge: il suo, cioè quello che egli ha creato e assegnato al suo posto e da nessuno ha avuto qualcosa per crearlo, come di tutti gli astri si afferma nel libro della Genesi 236. Egli soltanto può dire che sono sue tutte le cose, perché le ha create dal nulla, affinché fossimo esortati che con grande liberalità dobbiamo da un suo ordine dare ai nostri nemici quelle cose che noi non abbiamo creato, ma abbiamo avuto come suo dono.

Misericordia per i misericordiosi.

23. 80. Chi dunque può essere disposto a tollerare torti dai deboli, per quanto giova al loro benessere; a preferire di sopportare l'altrui cattiveria anziché ricambiare ciò che ha dovuto subire; ovvero a dare a chi chiede da lui qualcosa o quel che chiede, se si ha e si può dare onestamente, o un buon consiglio o un gesto benevolo; a non voltare le spalle a chi chiede un prestito; ad amare i nemici, a fare del bene a quelli che lo odiano, a pregare per quelli che lo perseguitano? Chi dunque adempie questi doveri se non chi è completamente e perfettamente misericordioso? Con questo consiglio si evita la

condizione dei miseri con l'aiuto di colui che ha detto: Perché voglio la misericordia e non il sacrificio 237. Dunque beati i misericordiosi perché troveranno misericordia 238. Ma penso che ormai sia opportuno che il lettore spossato dal lungo rotolo di pergamena si rilassi un tantino e si disponga ad esaminare in un altro libro quel che rimane.

LIBRO SECONDO

LE BEATITUDINI NEL RAPPORTO CON DIO

La beatitudine dei puri di cuore nella preghiera, elemosina, digiuno e nelle opere di bene (1, 1 - 22, 76)

Purezza del cuore e amore della lode.

1. 1. La purificazione del cuore, con cui ha inizio questo libro, viene dopo la misericordia, con la cui esposizione ha avuto termine il primo libro. La purificazione del cuore è paragonabile a quella dell'occhio con cui si vede Dio; e a mantenerlo limpido è indispensabile tanta attenzione quanta ne richiede la dignità dell'essere che con esso si può conoscere. Ma è difficile che in questo occhio, in gran parte purificato, non s'insinuino furtivamente alcune placche per mezzo delle eventualità che abitualmente accompagnano le nostre buone azioni, ad esempio la lode degli uomini. Certamente è dannoso non vivere onestamente, ma il vivere onestamente e non volere essere lodato non è altro che essere nemico delle umane eventualità che son tanto più degne di compassione, quanto meno è gradita la onesta vita degli uomini. Se dunque coloro, in mezzo ai quali vivi, non loderanno te che vivi onestamente, essi sono

in errore; se invece ti loderanno, tu sei in pericolo. Si eccettua il caso che tu abbia un cuore tanto limpido e puro da non fare per le lodi degli uomini quel che fai con onestà e da rallegrarti per loro che lodano con onestà, perché è ad essi gradito ciò che è bene, anziché per te stesso. Difatti vivresti con onestà, anche se nessuno ti lodasse, e allora capiresti che la tua azione lodevole è utile a coloro che ti lodano, se onorano te non per la tua vita virtuosa, ma Dio perché è suo tempio veramente degno di rispetto chi vive bene. Si adempie così quel che dice Davide: Nel Signore si gloria la mia anima; ascoltino gli umili e si rallegrino 1. Spetta dunque all'occhio puro nell'agire onestamente non aver di mira le lodi degli uomini e non riferire ad essi la buona azione che compi, cioè fare una buona azione per essere gradito agli uomini. Così andrebbe a genio perfino simulare una buona azione, se si bada soltanto a farsi lodare da un individuo il quale, poiché non può vedere il cuore, può lodare anche l'ipocrisia. E quelli che lo fanno, cioè quelli che simulano la bontà, sono di cuore doppio. Quindi ha il cuore limpido, cioè puro, soltanto chi supera le lodi umane e nel vivere bene è attento soltanto a lui e a lui s'impegna d'esser gradito, perché egli soltanto è scrutatore della coscienza. E tutto ciò che proviene dalla rettitudine della coscienza è tanto più degno di lode, quanto meno ambisce le lodi umane.

La retta intenzione.

1. 2. Evitate dunque, dice il Signore, di praticare la vostra virtù davanti agli uomini per essere da loro ammirati, ossia: evitate di vivere onestamente con questa intenzione e di stabilire il vostro bene nel farvi ammirare dagli uomini. Altrimenti non avrete la ricompensa dal Padre vostro che è nei cieli 2, non nel senso che siate ammirati dagli uomini, ma se vivete con onestà appunto per farvi ammirare. Altrimenti non avrebbe senso quel che è stato detto all'inizio di questo discorso: Voi siete la luce del mondo. Non può rimanere nascosta una città collocata sopra un monte, né accendono una lucerna e la mettono sotto il moggio, ma sopra il lucerniere affinché faccia luce a tutti quelli che sono nella casa. Così risplenda la vostra luce davanti agli uomini affinché vedano le vostre opere buone e non ha terminato con queste parole, ma ha aggiunto: E diano gloria al vostro Padre che è nei cieli 3. Qui invece, poiché rimprovera se sia volto alla lode il fine delle buone azioni, cioè se ci comportiamo con onestà per essere ammirati dagli uomini, dopo aver detto: Evitate di praticare la vostra virtù davanti agli uomini per essere da loro ammirati 4, non ha aggiunto nulla. Da questo si evidenzia che non ha proibito che si agisca con onestà davanti agli uomini, ma che si agisca con onestà davanti agli uomini per essere da loro ammirati, ossia che questo ci prefiggiamo e che vi riponiamo il fine della nostra intenzione.

Esempio di Paolo.

1. 3. Difatti l'Apostolo dice: Se fossi ancora gradito agli uomini, non sarei ministro di Cristo 5, mentre in un altro passo dice: Siate graditi a tutti in tutto, come io sono gradito a tutti in tutto 6. Quelli che non capiscono questo pensiero dell'Apostolo vi notano un'antitesi, quantunque egli abbia affermato di non essere gradito agli uomini, perché non agiva con onestà per piacere a loro, ma a Dio, in quanto intendeva, per il fatto stesso che era gradito agli uomini, volgere il loro cuore all'amore di lui. Perciò affermava con onestà di non essere gradito agli uomini, perché lo avvertiva nel fatto stesso di essere gradito a Dio; e sempre con onestà ingiungeva che si deve esser graditi agli uomini, non affinché questo si desideri come ricompensa delle buone opere, ma perché non potrebbe essere gradito a Dio chi non si offrisse all'imitazione di coloro che vorrebbe indurre alla salvezza; per nessun motivo infatti un individuo può imitare chi non gli è gradito. Come dunque non irragionevolmente parlerebbe chi dicesse: In questa mia attività, con cui cerco una nave, non cerco la nave ma la patria, così logicamente l'Apostolo direbbe: In questa mia attività, con cui sono gradito agli uomini, non a loro ma a Dio son gradito perché non tendo a questo, ma intendo che mi imitino coloro che voglio restituire alla salvezza. Così dice dell'offerta che si dà per i fedeli: Non perché voglio un regalo, ma perché ritengo necessario il merito 7,

cioè: nel fatto che cerco una vostra offerta, non essa cerco, ma un vostro merito. Da questa precisazione poteva esser manifesto quanto avessero progredito nel Signore perché eseguivano liberamente quel che da loro si richiedeva non per la soddisfazione proveniente dal regalo, ma per la comunione della carità.

Vera ricompensa in Dio.

1. 4. Anche quando aggiunge la frase: Altrimenti non avrete la ricompensa presso il Padre vostro che è nei cieli 8, indica soltanto che noi dobbiamo evitare di esigere la lode degli uomini per ricompensa delle nostre azioni, cioè di lusingarci che con essa diventiamo felici.

Retta intenzione anche nell'elemosina.

2. 5. Quando dunque fai l'elemosina, dice il Signore, non suonare la tromba davanti a te, come fanno gli ipocriti nelle sinagoghe e per le strade per essere lodati dagli uomini 9. Non voler farti notare, dice, come gli ipocriti. È evidente che gli ipocriti non hanno nel cuore quel che pongono davanti agli occhi degli uomini. Infatti gli ipocriti sono operatori di finzioni sul tipo dei presentatori dell'altrui personalità nelle rappresentazioni teatrali. Ad esempio chi nella tragedia fa la parte di Agamennone o di un altro

personaggio storico o mitologico non è realmente lui, ma lo rappresenta ed è detto mimo. Così nella Chiesa e in tutta l'umana convivenza è un ipocrita chi vuol sembrare quel che non è. Infatti imita con finzione il virtuoso, non lo esibisce, perché ripone tutto l'utile nella lode umana, che possono conseguire anche quelli che fingono nell'atto che ingannano coloro a cui sembrano buoni e dai quali vengono lodati. Ma tali individui da Dio, che scruta il cuore, ricevono come ricompensa soltanto la condanna dell'inganno. Infatti hanno ricevuto dagli uomini, dice Gesù, la loro ricompensa 10. E molto giustamente sarà detto loro: Allontanatevi da me, operatori d'inganno 11, perché avete portato il mio nome, ma non avete praticato le mie opere. Hanno dunque ricevuto la loro ricompensa coloro che fanno l'elemosina soltanto per essere lodati dagli uomini, non però se sono lodati dagli uomini, ma se la fanno appunto per esser lodati, come è stato discusso precedentemente. La lode umana non si deve ambire dunque da chi fa opere buone, ma deve accompagnare chi le fa, affinché diventino migliori coloro che possono imitare ciò che lodano e non perché egli pensi che essi, lodandolo, gli siano di vantaggio.

La sinistra non è il nemico.

2. 6. Invece mentre fai l'elemosina non sappia la tua sinistra quel che fa la tua destra 12. Se intenderai che

con la sinistra sono indicati i non cristiani, sarà evidente che non v'è colpa nel voler essere gradito ai cristiani, mentre ci è assolutamente proibito di stabilire il vantaggio e il fine dell'opera buona nella lode di qualsiasi persona. Ma il complesso di atti, affinché ti imitino coloro ai quali saranno gradite le tue buone azioni, si deve mostrare non soltanto ai cristiani ma anche ai non cristiani, affinché nel lodare le nostre buone opere onorino Dio e giungano alla salvezza. Se poi per sinistra vorrai intendere un nemico nel senso che un tuo nemico non sappia quando fai l'elemosina, perché mai il Signore stesso, mosso a pietà, sanò alcune persone alla presenza dei Giudei suoi nemici? Perché l'apostolo Pietro, avendo guarito quell'uomo di cui alla porta Bella del tempio ebbe compassione in quanto storpio, dovette subire la collera dei nemici contro di sé e contro gli altri discepoli di Cristo 13? Se poi è necessario che il nemico non sappia quando facciamo l'elemosina, non sappiamo che fare col nemico stesso per adempiere il comandamento: Se il tuo nemico avrà fame, dàgli da mangiare; se avrà sete, dàgli da bere 14.

La sinistra fra marito e moglie.

2. 7. Di solito v'è una terza interpretazione, assurda e ridicola, dei materialisti. Non la ricorderei se non conoscessi per esperienza che non pochi sono incappati nell'errore in quanto dicono che con

l'appellativo di sinistra è indicata la moglie. Siccome abitualmente le donne nella gestione della famiglia sono più attaccate al denaro, non dovrebbero conoscere a causa dei litigi di famiglia quando i loro mariti danno qualcosa ai bisognosi. Come se soltanto gli uomini siano cristiani e il comandamento non sia dato anche per le donne. A quale sinistra dunque la donna deve occultare l'opera della propria misericordia? O anche l'uomo sarà la sinistra della donna? È proprio assurdo. Ovvero se si pensasse che l'uno è la sinistra dell'altro, qualora da uno si distribuisce qualcosa dal patrimonio familiare in modo che sia contro il volere dell'altro, tale matrimonio non sarebbe cristiano. Ma è inevitabile che se uno dei due, secondo il comandamento di Dio, vorrà fare l'elemosina, chiunque dei due avrà contro, sia nemico del comandamento di Dio e sia quindi da considerarsi tra i non cristiani. E su tali argomenti è comandamento di Dio che mediante un buon rapporto e comportamento il marito cristiano conquisti la moglie o la moglie cristiana il marito 15. Perciò non debbono nascondere l'uno all'altro le proprie buone azioni, alle quali si debbono spronare a vicenda, sicché possa l'un l'altro spronarsi alla comune professione della fede cristiana. E non si devono commettere furti per guadagnarsi la bontà di Dio. Ma poniamo che si debba occultare qualcosa fin quando la debolezza dell'altro non può sopportare con animo sereno, giacché questo non è né ingiusto né illecito.

Tuttavia dall'esame di tutto il brano non appare con evidenza chi sia indicato come sinistra, perché da esso emergerà che è insieme all'altro chi potrebbe considerare come sinistra.

La sinistra è desiderio di lode.

2. 8. Evitate, dice il Signore, di praticare la vostra virtù davanti agli uomini per essere da loro ammirati; altrimenti non avrete la ricompensa dal Padre vostro che è nei cieli 16. Nell'inciso ha parlato della virtù in generale, in seguito svolge separatamente. È un settore della virtù l'opera che si compie mediante l'elemosina e quindi ne deduce la massima: Quando dunque fai l'elemosina, non suonare la tromba davanti a te, come fanno gli ipocriti nelle sinagoghe e per le strade per essere lodati dagli uomini 17. A questo si riferisce quel che ha detto prima: Evitate di praticare la vostra virtù davanti agli uomini per essere da loro lodati. Invece quel che segue: In verità vi dico, hanno ricevuto la loro ricompensa si riferisce al pensiero che ha espresso precedentemente: Altrimenti non avrete la ricompensa dal Padre vostro che è nei cieli. Poi continua: Invece quando tu fai l'elemosina. Quando dice: Invece quando tu cosa dice di diverso che: non come loro? Che cosa mi comanda allora? Invece quando tu fai l'elemosina, non sappia la tua sinistra quel che fa la tua destra 18. Quindi essi agiscono in modo che la loro sinistra sappia ciò che fa

la loro destra. Quindi a te si proibisce di fare quel che in loro è reprensibile. E in loro è reprensibile che agiscano in modo da bramare le lodi degli uomini. Quindi è evidente che con immediata deduzione la sinistra simboleggia la compiacenza della lode, la destra l'intenzione di adempiere i precetti divini. Quando dunque alla coscienza di chi fa l'elemosina si congiunge il desiderio della lode umana, la sinistra si rende cosciente dell'azione della destra. Non sappia dunque la tua sinistra quel che fa la tua destra, cioè: Non si congiunga il desiderio della lode umana alla tua consapevolezza, quando nel fare l'elemosina t'impegni a osservare il comandamento divino.

L'elemosina nel segreto.

2. 9. Affinché la tua elemosina rimanga nel segreto 19. Che cosa significa nel segreto se non nella stessa retta coscienza che non si può mostrare alla vista umana né svelare con le parole? Difatti molti dicono molte menzogne. Quindi se la destra agisce interiormente nel segreto, sono di competenza della sinistra tutte le cose esteriori poste nello spazio e nel tempo. Quindi la tua elemosina avvenga nella coscienza stessa in cui molti fanno l'elemosina con la buona volontà, sebbene non abbiano denaro o qualsiasi altro bene che si deve offrire al bisognoso. Molti invece agiscono all'esterno e non agiscono all'interno, in quanto vogliono apparire

compassionevoli per ambizione o per amore di qualsiasi altro tornaconto esteriore, perché si deve ritenere che in essi agisce soltanto la sinistra. Così alcuni hanno una posizione di mezzo fra gli uni e gli altri, sicché fanno l'elemosina con l'intenzione volta a Dio e tuttavia s'insinua in questa ottima disposizione un certo desiderio della lode o di qualche altro vantaggio labile ed effimero. Ma nostro Signore con grande energia proibisce che in noi agisca soltanto la sinistra, quando proibisce che essa s'insinui nelle opere della destra affinché, cioè, non solo evitiamo di fare l'elemosina per il solo desiderio dei beni caduchi ma anche affinché in questa opera non volgiamo l'attenzione a Dio in modo che vi si confonda o aggiunga il desiderio di vantaggi esteriori. Si tratta infatti di purificare il cuore che, se non sarà limpido, non sarà puro. E come sarà limpido se serve a due padroni 20 e non purifica il proprio sguardo con la sola percezione dei beni eterni, ma la offusca con l'amore delle cose caduche ed effimere? Sia dunque la tua elemosina nel segreto e il Padre tuo che vede nel segreto ti ricompenserà 21. Assolutamente giusto e vero. Se infatti attendi il premio da colui che è il solo scrutatore della coscienza, ti basti a riscuotere in premio la coscienza stessa. Molti codici latini hanno: E il Padre tuo che vede nel segreto ti ricompenserà apertamente. Ma siccome nei codici greci, che sono più antichi, non ho trovato apertamente, ho pensato che non se ne deve trattare.

Preghiera non all'aperto...

3. 10. E quando pregate, soggiunge, non siate come gli ipocriti che amano stare in piedi a pregare nelle sinagoghe e negli angoli delle piazze per essere visti dagli uomini 22. Ed anche in questo caso non è proibito essere visti, ma compiere queste azioni per farti vedere dagli uomini. E inutilmente ripetiamo tante volte i medesimi concetti, perché una sola norma si deve osservare, dalla quale si è appreso che non si deve temere o evitare se gli uomini conoscono questi fatti ma se si compiono con l'intenzione di presumere da essi il risultato di essere graditi agli uomini. E il Signore stesso usa le medesime parole nel soggiungere come prima: In verità vi dico, hanno ricevuto la loro ricompensa, lasciando intendere di proibire che si desideri quella ricompensa, di cui godono gli stolti quando sono lodati dagli uomini.

...ma nel segreto.

3. 11. Voi invece quando pregate, soggiunge, entrate nella vostra camera da letto 23. Evidentemente la camera è il cuore stesso che viene anche indicato in un salmo, in cui si dice: Di quel che dite nel vostro cuore pentitevi anche sul vostro letto 24. E chiudendo la porta, continua Gesù, pregate il Padre vostro nel

segreto. È troppo poco entrare nelle camere da letto, se la porta è aperta agli sfacciati, perché attraverso la porta le cose esterne irrompono dentro a frotte e disturbano la nostra interiorità. Ho detto che sono fuori tutte le cose poste nel tempo e nello spazio, le quali attraverso la porta, cioè attraverso il senso esteriore, s'introducono nei nostri pensieri e con la confusione delle varie immaginazioni ci disturbano mentre preghiamo. Si deve quindi chiudere la porta, cioè opporsi al senso esteriore, affinché la preghiera proveniente dallo spirito si levi al Padre perché essa avviene nel profondo del cuore, quando si prega il Padre nel segreto. E il Padre vostro che vede nel segreto vi ricompenserà 25. E l'argomento doveva aver termine con una simile conclusione. Difatti con esso non ci esorta a pregare ma a come dobbiamo pregare; e precedentemente non affinché facciamo l'elemosina, ma con quale intenzione dobbiamo farla 26. Difatti ingiunge di purificare il cuore e lo purifica soltanto il solo e schietto anelito alla vita eterna in un unico e puro amore della sapienza.

Preghiera non a parole.

3. 12. Quando pregate poi, continua, non dite molte parole come i pagani, i quali suppongono di essere esauditi per le loro molte parole27. Come degli ipocriti è esibirsi alla vista, poiché il loro intento è piacere agli uomini, così è degli etnici, cioè in latino

pagani, ritenere di essere esauditi per le molte parole. E in verità il molto parlare proviene dai pagani che s'impegnano più ad educare il linguaggio che a purificare la coscienza. E si sforzano di adibire questa forma di futile attitudine a convincere Dio con la preghiera, perché suppongono che egli, come l'uomo giudice, sia mosso dalle parole a prendere una decisione. Non siate dunque come loro, dice l'unico vero Maestro, perché il Padre vostro sa di che cosa avete bisogno, prima che glielo chiediate28. Se infatti si pronunziano molte parole per informare e istruire uno che non sa, che bisogno se ne ha per colui che conosce tutte le cose, perché a lui parlano tutte le cose nell'atto stesso che esistono e si segnalano come avvenute? Ed anche gli eventi futuri non sono nascosti alla capacità creativa e sapienza di lui, perché in essa sono presenti e non transeunti tutti gli eventi che sono passati e che passeranno.

Opere buone implicate dalle parole.

3. 13. Ma poiché anche il Signore sta per dire delle parole, sebbene poche, con cui ci insegna a pregare, si può chiedere il motivo per cui vi sia bisogno di queste sia pure poche parole per lui che conosce tutti gli eventi prima che avvengano e sa, come è stato detto, di che cosa abbiamo bisogno prima che glielo chiediamo. A questo quesito prima di tutto si risponde che per ottenere quel che vogliamo, noi dobbiamo

rivolgerci a Dio non con le parole, ma con le opere che compiamo mediante la coscienza e l'atto del pensiero assieme all'amore puro e a un sincero affetto. Nostro Signore poi ci ha insegnato le opere con le parole affinché con queste, trasmesse alla memoria, ci ricordiamo di quelle al momento della preghiera.

Essere presenti al Padre.

3. 14. Ma tanto se dobbiamo pregare con le opere come con le parole, si pone ancora la domanda che bisogno si abbia della preghiera stessa se Dio già conosce quello di cui abbiamo bisogno. La ragione è che l'applicazione stessa alla preghiera rasserena e purifica il nostro cuore e lo rende più capace a ricevere i doni divini che ci vengono elargiti spiritualmente. Infatti non ci esaudisce per il desiderio delle nostre preghiere, perché egli è sempre disposto a darci la sua luce non visibile, ma intellegibile e spirituale, ma non sempre noi siamo disposti a riceverla perché tendiamo ad altro e ci ottenebriamo nella bramosia delle cose poste nel tempo. Avviene dunque nella preghiera il volgersi del cuore a lui che è sempre disposto a dare se noi riceviamo quel che ha dato. E nell'atto del volgersi avviene la purificazione dell'occhio interiore, poiché si respingono i vantaggi che si desiderano per il tempo, affinché lo sguardo d'un cuore limpido possa

accogliere la limpida luce che splende col potere divino senza tramonto e variante, e non soltanto accogliere ma rimanere in essa non solo senza inquietudine, ma anche con l'ineffabile gioia, in cui realmente e schiettamente si effettua la felicità.

La preghiera al Padre.

4. 15. Ma ormai si devono considerare quali cose ci ha comandato di chiedere nella preghiera colui dal quale apprendiamo che cosa chiedere e otteniamo quel che chiediamo. Voi dunque, egli dice, pregate così: Padre nostro che sei nei cieli, sia santificato il tuo nome, venga il tuo regno, sia fatta la tua volontà come in cielo così in terra. Dacci oggi il nostro pane quotidiano, e rimetti a noi i nostri debiti come noi li rimettiamo ai nostri debitori, e non ci indurre in tentazione, ma liberaci dal male 29. Poiché in ogni invocazione si deve propiziare la benevolenza di colui che invochiamo e poi dire quel che invochiamo, si suole propiziare la benevolenza con la lode a colui al quale è diretta la preghiera e si suole porre questa lode all'inizio della preghiera. E in tale inizio nostro Signore ci ha ingiunto di dire soltanto: Padre nostro che sei nei cieli. Molte sono le espressioni a lode di Dio e ognuno le può rimeditare quando legge, perché sono sparse in vario modo e per ogni dove nei libri della Sacra Scrittura, tuttavia mai si trova che è stato ordinato al popolo d'Israele di dire: Padre nostro o di

pregare Dio Padre, ma è stato indicato come loro padrone, ossia a individui posti in schiavitù che, cioè, vivevano ancora secondo la carne. Dico questo per il tempo in cui ricevevano gli ordinamenti della Legge, perché s'imponeva loro di osservarli. I profeti infatti fanno capire che Dio Signore potrebbe essere anche il loro Padre, se non trasgredissero i suoi comandamenti, come è l'espressione: Ho messo al mondo dei figli e li ho allevati, ma essi mi si sono ribellati 30; e l'altra: Io ho detto: siete dèi e figli dell'Altissimo; eppure morirete come ogni uomo e cadrete come uno dei potenti 31; e questa ancora: Se sono padrone, dove è il timore per me? E se sono padre, dov'è il rispetto dovuto? 32. Vi sono molte altre espressioni, in cui i Giudei sono rimproverati perché peccando non han voluto essere figli, eccettuate quelle espressioni che si hanno nei profeti sul futuro popolo cristiano, che avrebbe avuto Dio come Padre secondo la celebre frase del Vangelo: Ha dato loro di diventare figli di Dio 33. E l'apostolo Paolo dice: Finché l'erede è minorenne, non è in nulla diverso da uno schiavo 34; e ricorda che noi abbiamo ricevuto uno spirito di figli adottivi, in cui gridiamo: Abba, Padre 35.

Padre per la nostra adozione.

4. 16. E poiché l'esser chiamati all'eterna eredità per essere coeredi di Cristo e giungere all'adozione a

figli 36, non è proprio dei nostri meriti ma della grazia di Dio, ricorriamo alla grazia all'inizio della preghiera col dire: Padre nostro. Con questo nome si promuove anche la carità perché il padre è l'essere più amato dai figli. Si suscitano anche un appassionato sentimento di supplica, quando gli uomini dicono a Dio: Padre nostro; e una determinata previsione di ottenere quel che stiamo per chiedere perché, prima di chiedere qualcosa, abbiamo ricevuto un dono tanto grande che ci è permesso di dire a Dio: Padre nostro. Che cosa ormai non può dare ai figli che chiedono, se ha già concesso di essere figli? Infine quale grande attrattiva avvince la coscienza, affinché chi dice: Padre nostro non sia indegno di un Padre così buono? Se infatti a un uomo della plebe fosse accordato da un senatore di antica nomina di chiamarlo padre, certamente egli si confonderebbe e non oserebbe farlo con disinvoltura nel considerare la bassezza della propria origine, la mancanza di beni e la volgarità della condizione plebea. A più forte ragione dunque si deve trepidare di chiamare Dio padre se è tanto grande la bruttezza e la riprovevole condotta nei costumi al punto che Dio le respinge da un rapporto con lui molto più giustamente che un senatore la povertà di un qualsiasi mendicante. Difatti questi disprezza nel mendicante uno stato al quale anche egli per la caducità delle umane condizioni potrebbe giungere, mentre Dio giammai cade in costumi depravati. E grazie alla sua bontà, perché per essere nostro padre esige da noi qualcosa che con nessuna opera si può procurare ma soltanto con la buona volontà. A questo punto sono ammoniti anche i ricchi e i nobili secondo il mondo, quando sono divenuti cristiani, a non insuperbire contro i poveri e gli umili, perché assieme a loro dicono a Dio: Padre nostro e non possono dirlo con verità e pietà se non si riconoscono fratelli.

Cieli sono i santi e i virtuosi.

5. 17. Il nuovo popolo, chiamato alla eredità eterna, usi dunque la voce del Nuovo Testamento e dica: Padre nostro che sei nei cieli 37, cioè nei santi e nei virtuosi, poiché Dio non è limitato dallo spazio cosmico. I cieli sono infatti i corpi nel cosmo che si distinguono per bellezza, ma sono sempre corpi che quindi possono essere soltanto nello spazio. Ma se si ritiene che la sede di Dio sia nei cieli in quanto sono le parti più alte del mondo, di più grande merito sono gli uccelli, perché la loro vita è più vicina a Dio. Però non si ha nella Scrittura: Il Signore è vicino ai giganti e ai montanari, ma si ha: Il Signore è vicino ai contriti di cuore 38, ma questo concetto è più attinente a una condizione di terrenità. Ma come il peccatore è stato considerato terra, quando gli fu detto: Sei terra e alla terra tornerai 39, così al contrario il virtuoso può essere considerato cielo. Difatti si dice ai virtuosi: Il tempio di Dio è santo e siete voi40. Perciò se Dio

abita nel suo tempio e i santi ne sono il tempio, Che sei nei cieli si traduce con criterio: Che sei nei santi. Ed è molto appropriata l'analogia che spiritualmente appaia esservi tanta differenza fra i virtuosi e i peccatori, quanta fisicamente fra il cielo e la terra.

Varie analogie dei cieli.

5. 18. Nell'intento di simboleggiare questo valore, quando preghiamo in piedi, ci volgiamo all'oriente, da cui si stende il cielo. Questo non perché Dio vi abiti, come se avesse abbandonato le altre parti del mondo egli che è dovunque presente non nello spazio fisico sebbene con la potenza della maestà, ma affinché l'anima sia avvertita a volgersi all'essere più perfetto, cioè a Dio, perché il corpo, che è terrestre, si volge a un corpo più perfetto cioè a un corpo celeste. Conviene anche all'avanzamento del sentimento religioso e influisce assai che con l'intelligenza di tutti, piccoli e grandi, si pensi bene di Dio. E poiché è necessario che prepongano il cielo alla terra coloro i quali sono ancora intenti alle bellezze visibili e non possono rappresentarsi un essere incorporeo, il loro modo di pensare è più tollerabile se credono che Dio, di cui ancora pensano come di un corpo, sia piuttosto in cielo che sulla terra. Questo affinché quando verranno a sapere alfine che il valore dell'anima è superiore anche a un corpo celeste, lo cerchino piuttosto nell'anima che in un corpo anche celeste e

quando verranno a sapere quanta differenza vi sia fra l'anima dei peccatori e quella dei virtuosi, come non osavano, quando ancora intendevano secondo la carne 41, di collocare Dio in terra ma in cielo, così poi con fede più retta o anche col pensiero lo ricerchino piuttosto nell'anima dei virtuosi che in quella dei peccatori. Rettamente quindi s'interpreta che Padre nostro che sei nei cieli 42 significa nel cuore dei virtuosi come nel suo tempio santo. Nello stesso tempo chi prega vuole che anche in sé abbia dimora colui che invoca e, quando desidera questo bene, pratichi la virtù perché con questa prerogativa Dio è invitato a prender dimora nella coscienza.

Che signifchi la santifcazione del nome...

5. 19. Ed ora esaminiamo quel che si deve chiedere. È stato esposto chi è che viene invocato e dove ha la dimora. La prima di tutte le cose che si invocano è questa: Sia santificato il tuo nome 43. E non si chiede come se il nome di Dio non sia santo, ma affinché sia ritenuto santo dagli uomini, ossia affinché Dio si riveli a loro in modo tale che non ritengano nulla più santo e che nulla temano di offendere di più. Infatti la frase: Dio è conosciuto in Giudea, in Israele è grande il suo nome 44 non si deve interpretare nel senso che in un luogo Dio sia più piccolo e in un altro più grande, ma che il suo nome è grande in quel luogo, in cui è nominato con riferimento alla grandezza della

sua maestà. Così è considerato santo il suo nome là dove è nominato con rispetto e nel timore dell'offesa. Ed è questo che ora avviene mentre il Vangelo, diffondendosi ancora fra i vari popoli, celebra per la mediazione del suo Figlio il nome dell'unico Dio.

...l'avvento del regno...

6. 20. E continua: Venga il tuo regno 45 nel senso, come il Signore stesso insegna nel Vangelo, che il giorno del giudizio verrà, quando il Vangelo sarà predicato in tutto il mondo e questo evento appartiene alla santificazione del nome di Dio. Infatti le parole Venga il tuo regno non si devono intendere come se al momento Dio non regni. Ma forse qualcuno potrebbe intendere che la parola Venga implica sulla terra, come se egli anche ora non regni sulla terra, che anzi sempre vi ha regnato dalla creazione del mondo. Il termine Venga si deve dunque interpretare: si manifesti agli uomini. Come infatti anche la luce visibile è invisibile ai ciechi e a quelli che chiudono gli occhi, così il regno di Dio, sebbene mai abbandoni la terra, è tuttavia invisibile a coloro che non lo conoscono. A nessuno infatti sarà lecito ignorare il regno di Dio, perché il suo Unigenito, non solo nel settore del pensiero ma anche dell'esperienza, è venuto dal cielo nell'uomo del Signore per giudicare i vivi e i morti. E dopo questo giudizio, cioè quando

sarà avvenuta la distinzione e separazione dei buoni dai cattivi, Dio sarà presente nei buoni in modo tale che non vi sarà più bisogno dell'ammaestramento umano, ma tutti, come si ha nella Scrittura: potranno essere ammaestrati da Dio 46. Poi la felicità sarà totalmente realizzata come fine nei santi per sempre, come ora gli angeli del cielo, sommamente santi e felici, soltanto con la illuminazione di Dio hanno la pienezza del sapere e della felicità, perché il Signore anche questo ha promesso ai suoi: Nella risurrezione saranno, egli dice, come gli angeli del cielo 47.

...l'adempimento della volontà.

6. 21. Quindi dopo l'invocazione Venga il tuo regno segue: Sia fatta la tua volontà come in cielo così in terra 48; ossia come la tua volontà è negli angeli che sono in cielo, in modo che ti sono totalmente uniti e in te sono felici, perché nessuno errore oscura la pienezza del loro pensiero, nessuna infelicità impedisce la loro felicità, così avvenga nei tuoi santi che sono sulla terra e dalla terra, per quanto attiene al corpo, sono stati plasmati e sempre dalla terra devono essere elevati alla immutabile felicità del cielo. Riguarda questo concetto anche l'annuncio degli angeli: Gloria a Dio nell'alto dei cieli e pace in terra agli uomini di buona volontà 49. Questo affinché, quando si porrà in cammino la nostra buona volontà che segue lui che ci chiama, si compia in noi

la volontà di Dio, come negli angeli del cielo, in modo che nessuna opposizione impedisca la nostra felicità, e in questo si ha la pace. Egualmente *Sia fatta la tua volontà* s'interpreta rettamente: si obbedisca ai tuoi comandamenti come in cielo così in terra, ossia come dagli angeli così dagli uomini. Il Signore stesso afferma che si compie la volontà di Dio, quando si obbedisce ai suoi comandamenti. Dice infatti: *Mio cibo è fare la volontà di lui che mi ha mandato 50*; e frequentemente: *Non son venuto a compiere la mia volontà, ma la volontà di colui che mi ha mandato 51*; così quando dice: *Ecco mia madre e i miei fratelli. E chiunque fa la volontà di Dio è per me fratello madre e sorella 52.* In coloro dunque che compiono la volontà di Dio si compie appunto la sua volontà, non perché essi fanno che Dio voglia, ma perché fanno quel che egli vuole, ossia fanno secondo la sua volontà.

Cielo e terra sono buoni e cattivi.

6. 22. V'è anche un altro significato nell'espressione: *Sia fatta la tua volontà come in cielo così in terra 53,* cioè come nei santi e virtuosi così anche nei peccatori. E questo significato si può intendere ancora in due modi. Dobbiamo cioè pregare per i nostri nemici, perché si devono ritenere tali coloro contro la cui volontà aumenta la religione cristiana e cattolica, sicché la frase: *Sia fatta la tua*

volontà come in cielo così in terra potrebbe significare: Compiano la tua volontà come i virtuosi così anche i peccatori, affinché a te si convertano. Inoltre: Sia fatta la tua volontà come in cielo così in terra, affinché a ciascuno si dia il suo, e questo avviene nell'ultimo giudizio, sicché ai virtuosi si dà il premio, la condanna ai peccatori, quando gli agnelli saranno separati dai capri 54.

Cielo e terra sono spirito e carne.

6. 23. Non è assurdo anzi molto rispondente alla nostra fede e speranza è l'interpretazione che come cielo e terra siano intesi lo spirito e la carne. E poiché l'Apostolo dice: Con il pensiero sono soggetto alla legge di Dio, con la carne alla legge del peccato 55, notiamo che la volontà di Dio si compie nel pensiero, cioè nello spirito. Quando la morte sarà assorbita nella vittoria e questo corpo mortale si sarà vestito d'immortalità, e questo avverrà con la risurrezione della carne e con la trasfigurazione, che viene promessa ai virtuosi secondo l'insegnamento dell'Apostolo 56, sarà fatta la volontà di Dio così in terra come in cielo; ossia come lo spirito non resiste a Dio, quando esegue e compie la sua volontà, così anche il corpo non resisterà allo spirito o anima, la quale ora è travagliata dalla debolezza del corpo e incline al comportamento carnale. E nella vita eterna sarà proprio della pace perfetta la condizione che non

solo ci attiri il volere ma anche il compiere il bene. Ora infatti, dice l'Apostolo, mi attrae volere il bene, ma non il compierlo 57, perché non ancora nella terra come in cielo, cioè non ancora nella carne come nello spirito si è compiuta la volontà di Dio. Difatti sia pure nella nostra infelicità si compie la volontà di Dio, quando attraverso la carne soffriamo quei mali i quali ci sono dovuti per debito della nostra soggezione alla morte che la nostra natura ha conseguito peccando. Ma nella preghiera si deve chiedere che, come in cielo e in terra si compie la volontà di Dio, ossia che come acconsentiamo alla legge di Dio secondo la coscienza, così avvenuta la trasfigurazione del corpo nessuna nostra componente, a causa dei dolori fisici o dei piaceri, contrasti con questo nostro consenso.

La volontà del Padre in Gesù e nella Chiesa.

6. 24. E non dissente dalla verità la parafrasi: Sia fatta la tua volontà come in cielo così in terra 58, ossia come nello stesso Signore Gesù Cristo così nella Chiesa, come nell'uomo che ha compiuto la volontà del Padre, così nella donna che a lui è sposata. Infatti nel cielo e nella terra si ravvisano, per così dire, il maschio e la femmina, dato che la terra è produttiva perché il cielo la rende fertile.

Significato di pane quotidiano.

7. 25. La quarta domanda è: Dacci oggi il nostro pane quotidiano 59. Il pane quotidiano è stato indicato in luogo di tutti gli utili che servono al sostentamento della vita fisica; ed esortando a suo riguardo dice: Non preoccupatevi del domani 60 e per questo ha detto: Dacci oggi. Ovvero è stato indicato in riferimento al corpo di Cristo che ogni giorno riceviamo o anche come cibo spirituale, di cui il Signore stesso dice: Procuratevi il cibo che non si corrompe 61; e ancora: Io sono il pane della vita che son disceso dal cielo 62. Si può esaminare quale delle tre interpretazioni sia la più attendibile. Infatti qualcuno potrebbe turbarsi sul fatto che preghiamo per ottenere cose necessarie a questa vita, come il vitto e il vestito, dato che il Signore dice: Non preoccupatevi di quel che mangerete e di come vestirete 63. Ma c'è il problema se un individuo non debba preoccuparsi del bene che chiede di ottenere con la preghiera, poiché la preghiera si deve innalzare con grande fervore dello spirito. E proprio a questo tende l'esortazione di chiudere le camere da letto 64 ed anche quest'altra: Chiedete prima il regno di Dio e tutte queste cose vi saranno date in aggiunta 65. Non ha detto: Cercate prima il regno di Dio e poi cercate queste cose, ma dice: Tutte queste cose vi saranno date in aggiunta, anche se non le chiedete. Non so se si può risolvere in che senso si dica con criterio che uno non chieda quel che per ottenere prega Dio con grande fervore.

Pane come sacramento.

7. 26. Trattiamo anche del sacramento del corpo del Signore affinché non muovano obiezioni i molti che nelle regioni d'Oriente non partecipano ogni giorno alla cena del Signore, sebbene questo pane è stato dichiarato quotidiano. Facciano dunque silenzio e non difendano la propria opinione sull'argomento sia pure con l'autorità ecclesiastica, poiché lo fanno senza scandalo e non sono impediti di farlo da coloro che comandano nelle loro chiese e, anche se non obbediscono, non sono condannati. Da ciò si evidenzia che in quelle regioni questo non è considerato pane quotidiano, perché sarebbero rei di un grave peccato coloro che non lo ricevono ogni giorno. Ma affinché, come è stato premesso, non discutiamo di costoro in alcun senso, deve certamente sovvenire a coloro che riflettono che noi abbiamo ricevuto dal Signore la norma del pregare e che non si deve trasgredire né aggiungendo né togliendo. Stando così le cose, chi osa dire che dobbiamo recitare soltanto una volta la preghiera del Signore o almeno, anche se una seconda e terza volta, fino a quell'ora in cui facciamo la comunione col corpo del Signore e che poi non si deve pregare così per il resto del giorno? Infatti non potremmo più dire: dacci oggi quel che abbiamo già ricevuto. Ovvero ci si potrà costringere a celebrare quel sacramento fino all'ultima parte del giorno?

Pane come parola di Dio.

7. 27. Rimane dunque che lo intendiamo come pane spirituale, cioè come i comandamenti del Signore che ogni giorno si devono meditare e osservare. Di essi infatti il Signore dice:Procuratevi il cibo che non si corrompe 66. Nel tempo appunto si considera quotidiano un tale cibo finché scorre questa vita posta nel divenire attraverso i giorni che vanno e vengono. E veramente finché lo stato d'animo si avvicenda ora nei beni superiori, ora in quelli inferiori, cioè ora in quelli spirituali, ora in quelli carnali, come a chi ora si nutre di cibo, poi soffre la fame, ogni giorno è necessario il pane, affinché con esso si ristori chi ha fame e si riprenda chi non si regge in piedi. Così dunque il nostro corpo in questa vita, prima della finale immunità dal bisogno, si ristora con il cibo perché avverte la dispersione di forze; allo stesso modo l'anima spirituale, poiché subisce mediante gli affetti terreni come una dispersione di forze dalla tensione a Dio, si ristora con il cibo dei comandamenti. È stato suggerito: Dacci oggi, finché si dice l'oggi 67, cioè in questa vita che scorre nel tempo. Infatti dopo questa vita ci sazieremo in eterno di un cibo spirituale in modo tale che non s'intenda il pane quotidiano, perché allora non vi sarà lo scorrere del tempo, che fa succedere i giorni ai giorni, da cui prende significato l'ogni giorno. Come infatti e stato detto: Oggi se ascolterete la sua voce 68, che l'Apostolo parafrasa nella Lettera agli

Ebrei con: Finché si dice l'oggi 69, così anche in questa accezione si deve interpretare il Dacci oggi. Se qualcuno invece vuole intendere questa frase in relazione al necessario alimento del corpo o al sacramento del corpo del Signore, è conveniente che questi tre significati si intendano unitamente, cioè che chiediamo insieme il pane quotidiano, tanto quello necessario, come quello consacrato visibilmente e quello invisibile della parola di Dio.

Remissione in ogni senso...

8. 28. Segue la quinta domanda: E rimetti a noi i nostri debiti come anche noi li rimettiamo ai nostri debitori 70. È evidente che come debiti sono indicati i peccati o nel senso che ha indicato il Signore stesso: Non uscirai di lì finché non paghi l'ultimo spicciolo 71, o nel senso per cui egli ha considerato come debitori quelli sui quali fu informato che erano morti o per il crollo della torre o perché Pilato aveva mescolato il loro sangue a quello del sacrificio 72. Affermò infatti che gli uomini li ritenevano debitori oltre misura, cioè peccatori e aggiunse: In verità vi dico, se non farete penitenza, morirete allo stesso modo 73. Non con queste parole uno è invitato a condonare il denaro ai debitori, ma tutte le offese che l'altro ha commesso contro di lui. Infatti a condonare il denaro siamo obbligati con il comando che è stato riportato precedentemente: Se qualcuno ti vuole

chiamare in giudizio per toglierti il vestito, tu cedigli anche il mantello 74. E da queste parole non risulta necessario condonare il debito a ogni debitore di denaro, ma a colui che non volesse restituire al punto che voglia perfino intentare una lite. Non conviene, dice l'Apostolo, che un servo del Signore intenti una lite 75. Si deve quindi condonare a chi o perché di sua iniziativa o perché invitato non volesse restituire il denaro dovuto. E per due motivi non vorrà restituire, o perché non ha, o perché è avaro e avido della roba d'altri. L'uno e l'altro caso sono relativi a una povertà, poiché la prima è povertà di beni, la seconda povertà di spirito. Chiunque dunque condona il debito a un tale individuo condona a un povero e compie un'opera di cristiana bontà perché persiste la norma che egli sia disposto a perdere ciò che gli è dovuto. Infatti se del tutto con pacata moderazione farà in modo che gli sia restituito, non badando tanto alla restituzione del denaro, quanto a correggere l'uomo, al quale è senza dubbio dannoso avere di che restituire e non restituire, non solo non peccherà, ma avrà il grande vantaggio che l'altro non subisca un danno spirituale per il fatto che vuole volgere a proprio profitto il denaro altrui. E questo è tanto più grave da non avere confronto. Se ne conclude che anche in questa quinta domanda con cui chiediamo: Rimetti a noi i nostri debiti come anche noi li rimettiamo ai nostri debitori 76 non si tratta esplicitamente del denaro, ma di tutti i casi in cui qualcuno pecca contro di noi e quindi anche del denaro. Perciò pecca contro di te chi ricusa di restituirti il denaro dovuto, quando ha di che restituirlo. Se non rimetterai questo peccato, non potrai dire: Rimetti a noi come anche noi rimettiamo. Se invece perdonerai, ti accorgi che colui, a cui si ordina di invocare con questa preghiera, è esortato anche a condonare il denaro.

...perché chiediamo al Padre.

8. 29. Si può trattare anche il seguente assunto. Poiché diciamo: Rimetti a noi come anche noi rimettiamo, ci dobbiamo render conto di avere agito contro questa norma se non rimettiamo a coloro che chiedono perdono, poiché vogliamo che dal Padre molto amorevolmente sia rimesso a noi quando gli chiediamo perdono. Ma d'altra parte dal comandamento, con cui siamo obbligati a pregare per i nostri nemici 77, non siamo obbligati a pregare per coloro che chiedono perdono. Infatti costoro non sono nemici. In nessun modo poi un individuo direbbe con sincerità che prega per colui che non ha perdonato. Perciò si deve riconoscere che si devono rimettere tutti i peccati che vengono commessi contro di noi, se vogliamo che dal Padre ci siano rimesse le colpe che noi commettiamo. Infatti sulla vendetta si è già parlato a sufficienza, come penso.

Il significato di tentazione.

9. 30. La sesta domanda è: Non ci immettere nella tentazione 78. Alcuni manoscritti hanno: Indurre che ritengo abbia il medesimo significato; infatti dall'unico termine greco εἰσενέϑκτης è stato tradotto l'uno e l'altro. Molti poi nel pregare dicono: Non permettere che siamo indotti in tentazione, mostrando, cioè, in che senso sia stato usato l'indurre. Infatti Dio non ci induce da se stesso, ma permette che vi sia indotto colui che per un ordinamento occultissimo e meriti avrà privato del suo aiuto. Spesso anche per ragioni manifeste egli giudica uno degno fino a privarlo del suo aiuto e permettere che sia indotto in tentazione. Una cosa è infatti essere indotto in tentazione e un'altra essere tentati. Infatti senza la tentazione nessuno è adatto alla prova, tanto in se stesso, come si ha nella Scrittura: Chi non è stato tentato che cosa sa? 79, quanto per l'altro, come dice l'Apostolo: E non avete disprezzato quella che era per voi una tentazione nella carne 80. Da questo fatto appunto li ha riconosciuti costanti, perché non furono distolti dalla carità a causa delle sofferenze capitate all'Apostolo nel fisico. Infatti noi siamo noti a Dio prima di tutte le tentazioni perché egli sa tutto prima che avvenga.

Analogia del concetto di tentazione.

9. 31. Quindi la frase che si ha nella Scrittura: Il

Signore Dio vostro vi tenta per sapere se lo amate 81 è stata espressa nel traslato da per sapere a per farvi sapere, come diciamo allegro un giorno che ci rende allegri e pigro il freddo perché ci rende pigri e altri innumerevoli modi di dire che si hanno tanto nel gergo abituale, come nel linguaggio dei letterati e nei libri della Sacra Scrittura. Gli eretici, che sono contrari al Vecchio Testamento e non comprendendo questa locuzione, pensano che è bollato, per così dire, da un marchio d'ignoranza l'essere di cui è stato detto: Il Signore Dio vostro vi tenta, come se nel Vangelo del Signore non sia stato scritto: Lo diceva per tentarlo perché egli sapeva quel che stava per fare 82. Se infatti conosceva il cuore di colui che tentava, che cosa voleva conoscere tentando? Ma senz'altro l'episodio è avvenuto, affinché colui che veniva tentato riflettesse su se stesso e riprovasse la sua sfiducia perché le turbe furono saziate col pane del Signore, mentre egli pensava che esse non avessero di che mangiare 83.

Tentazione contro i Manichei...

9. 32. Quindi con quella preghiera non si chiede di non essere tentati, ma di non essere immessi nella tentazione, sulla fattispecie di un tale, a cui è indispensabile essere sottoposto all'esperimento del fuoco, e non chiede di non essere toccato col fuoco, ma di non rimanere bruciato. Infatti la fornace prova

gli oggetti del vasaio e la prova della sofferenza gli uomini virtuosi84. Giuseppe difatti è stato tentato con la seduzione dell'adulterio, ma non è stato immesso nella tentazione 85. Susanna è stata tentata e neanche lei indotta o immessa nella tentazione 86 e molti altri dell'uno e dell'altro sesso, ma soprattutto Giobbe. Gli eretici, nemici del Vecchio Testamento, volendo con parole sacrileghe schernire la sua ammirevole costanza in Dio suo Signore, allegano a preferenza degli altri l'episodio che Satana chiese di tentarlo 87. Chiedono agli ignoranti, assolutamente incapaci di capire certe cose, in che modo è stato possibile a Satana di parlare con Dio. Non riflettono, e non lo possono perché sono accecati dall'errore e dalla polemica, non riflettono dunque che Dio non occupa uno spazio con la dimensione del corpo sicché è in un luogo e non in un altro o per lo meno ha una parte qui e un'altra altrove, ma con infinita grandezza è in atto in ogni spazio, non diviso nelle parti ma tutto in ogni spazio. E se intendono in senso letterale la frase: Il cielo è per me il trono e la terra lo sgabello dei miei piedi 88, e se a questa posizione si riferisce anche il Signore con le parole: Non giurate né per il cielo perché è il trono di Dio, né per la terra perché è lo sgabello dei suoi piedi 89, che cosa v'è di strano se il diavolo, giunto sulla terra, si è fermato davanti ai piedi di Dio e ha detto qualche cosa in sua presenza 90? Quando infatti questi tali finiranno per capire che non v'è anima, quantunque perversa, che comunque in qualche modo può ragionare, nella cui coscienza Dio non parli? Chi se non Dio ha scritto nel cuore degli uomini la legge naturale? E di questa legge dice l'Apostolo: Quando i pagani, che non hanno la legge, per natura agiscono secondo la legge, essi pur non avendo la legge, sono legge a se stessi; dimostrano infatti che quanto la legge esige è scritto nei loro cuori, come risulta dalla testimonianza della coscienza di essi e dei loro stessi ragionamenti che li accusano o anche li difendono nel giorno in cui Dio giudicherà i segreti degli uomini 91. Quindi ogni anima ragionevole, sia pure accecata dalla passione, tuttavia pensa e ragiona e tutto ciò che mediante il suo ragionamento è vero non si deve attribuire a lei, ma alla luce stessa della verità, dalla quale sia pure scarsamente nei limiti della sua capacità è illuminata, affinché nel pensare percepisca come vero qualche cosa. Non c'è quindi da far meraviglie se si afferma che l'anima del diavolo, corrotta da un depravante pervertimento, ha udito dalla voce di Dio, cioè dalla voce della stessa verità tutto ciò che ha pensato su un uomo virtuoso, quando volle tentarlo 92; e invece tutto ciò che era falso si attribuisce a quel pervertimento da cui ha avuto l'appellativo di diavolo. Tuttavia anche per mezzo di creatura fisicamente visibile spesso Dio ha parlato tanto ai buoni che ai cattivi secondo i meriti di ciascuno, come Signore e guida di tutti e loro ordinatore al fine; ha parlato anche per mezzo di angeli che si manifestarono in sembianze umane e per mezzo dei profeti che dicevano: Queste cose dice il Signore. Che meraviglia quindi se si dice che Dio ha parlato col diavolo non certamente attraverso il pensiero, ma mediante una creatura ovviamente adattata allo scopo?

...nel confronto col Nuovo Testamento.

9. 33. E non suppongano che è proprio di deferenza e quasi merito di virtù il fatto che Dio ha parlato con lui, perché ha parlato con uno spirito angelico, sebbene stolto e vizioso, come se parlasse con un'anima umana stolta e viziosa. Oppure dicano essi stessi in che modo Dio ha parlato con quel ricco, di cui volle biasimare un vizio molto stolto con le parole: Stolto, questa notte l'anima ti sarà richiesta e di chi saranno le ricchezze che hai messo da parte? 93. Evidentemente questo lo dice il Signore stesso nel Vangelo, al quale questi eretici, volere o no, chinano la testa. Se poi si preoccupano del fatto che Satana chiede a Dio di tentare un uomo virtuoso, non io spiego perché sia avvenuto, ma sprono costoro a spiegare perché nel Vangelo sia stato detto dal Signore stesso ai discepoli: Ecco che Satana cerca di vagliarvi come il grano 94; e a Pietro: Ma io ho pregato affinché non venga meno la tua fede 95. Quando mi spiegano queste parole, unitamente spiegano a se stessi quel che chiedono da me. Se poi

non saranno capaci di spiegarlo, non osino censurare con sventatezza in un libro qualsiasi quel che senza ripugnanza leggono nel Vangelo.

Varie provenienze della tentazione.

9. 34. Avvengono dunque le tentazioni ad opera di Satana, non per un suo potere, ma col permesso del Signore per punire gli uomini dei loro peccati o per provarli e addestrarli in riferimento alla bontà di Dio. E importa molto in quale tentazione uno incorra. Difatti Giuda, che vendé il Signore 96, non è incorso nella medesima tentazione in cui è incorso Pietro che per paura negò il Signore 97. Vi sono anche delle tentazioni provenienti, così penso, dall'uomo, quando uno con buona intenzione ma nei limiti dell'umana debolezza sbaglia in qualche consiglio ovvero si adira col fratello nell'intento di correggerlo, ma un po' al di là di quel che richiede la serenità cristiana. Di queste tentazioni dice l'Apostolo: Non vi sorprenda la tentazione se non quella umana; ed anche: Dio è fedele, perché non permette che siate tentati al di là di quel che potete, ma vi darà assieme alla tentazione anche il superamento affinché possiate sopportarla 98. E con questo pensiero ha mostrato abbastanza che non dobbiamo pregare per non essere tentati, ma per non essere indotti in tentazione. E vi siamo indotti, se si verificano di tale fatta che non riusciamo a superarle. Ma poiché le tentazioni

pericolose, in cui è dannoso essere immessi o indotti, hanno origine dalle prosperità o avversità nel tempo, non si fiacca dalla inquietudine delle avversità chi non si lascia allettare dall'attrattiva delle prosperità.

La liberazione dal male.

9. 35. L'ultima e settima richiesta è: Ma liberaci dal male 99. Si deve infatti pregare non solo di non essere indotti al male, di cui siamo privi, e questo si chiede al sesto posto, ma di essere liberati da quello, al quale siamo stati indotti. E quando questo avverrà, non rimarrà nulla di temibile e non si dovrà più temere alcuna tentazione. Però non si deve sperare che questo possa avvenire in questa vita, finché portiamo in giro la soggezione alla morte, alla quale siamo stati indotti dalla suggestione del serpente 100; tuttavia si deve sperare che avverrà, e questa è una speranza che non si sperimenta. Parlando di essa l'Apostolo dice: Una speranza che si sperimenta non è speranza 101. Ma non si deve disperare della saggezza che anche in questa vita è stata concessa ai credenti figli di Dio. Ed essa comporta che fuggiamo con prudentissima attenzione quel che dietro rivelazione del Signore capiremo di dover fuggire e che perseguiamo con ardentissima carità quel che dietro rivelazione del Signore capiremo di dover perseguire. Così infatti deposto con la morte stessa il rimanente peso di questa soggezione alla morte, da

parte di ogni componente dell'uomo al tempo opportuno sarà realizzata come fine la felicità, che è incominciata in questa vita e che per raggiungere definitivamente in seguito è impiegato attualmente ogni sforzo.

Anagogia delle tre prime richieste...

10. 36. Ma si deve considerare e discutere le differenze delle sette richieste. La nostra vita dunque si svolge attualmente nel tempo e si spera che sia eterna; inoltre i valori eterni sono anteriori per dignità, sebbene si passa ad essi dopo aver posto in atto quelli nel tempo. Quindi il conseguimento delle tre prime richieste hanno inizio in questa vita che si svolge nel tempo; difatti la santificazione del nome di Dio ha cominciato a porsi in atto dalla venuta del Signore nella nostra umiltà; e la venuta del suo regno, in cui egli dovrà venire nello splendore, non si manifesterà dopo la fine ma alla fine del tempo; e il compimento della sua volontà come in cielo così in terra, sia che per cielo e terra intendi i virtuosi e i peccatori, o lo spirito e la carne, o il Signore e la Chiesa, o tutti insieme, si otterrà con il compimento della nostra felicità e quindi alla fine del tempo; tuttavia tutte e tre queste manifestazioni del Signore rimarranno in eterno. Difatti la santificazione del nome di Dio è eterna, il suo regno non avrà fine ed è promessa la vita eterna per la nostra perfetta felicità.

Rimarranno quindi queste tre manifestazioni unite nel pieno compimento nella vita che ci è promessa.

...e delle altre quattro.

10. 37. A me sembra che le altre quattro richieste appartengono alla vita nel tempo. La prima è: Dacci oggi il nostro pane quotidiano 102. Per il fatto che è stato definito come pane quotidiano, sia che venga indicato il pane spirituale o quello nel sacramento o questo visibile del nutrimento, appartiene al tempo che ha chiamato l'oggi, non perché il cibo spirituale non è eterno, ma perché questo pane, che nella Scrittura è stato considerato quotidiano, viene mostrato all'anima tanto col suono delle parole come con i vari segni che si susseguono nel tempo. Ma tutte queste cose certamente non vi saranno più, quando tutti potranno essere ammaestrati da Dio e non esprimeranno l'ineffabile luce della verità con un movimento del corpo, ma l'attingeranno con un puro atto del pensiero. E probabilmente è stato considerato pane e non bevanda poiché il pane spezzandolo e masticandolo si muta in alimento, come i libri della Scrittura nutrono l'anima leggendoli e meditandoli; la bevanda al contrario sorseggiata, così com'è, passa nel corpo, sicché nel tempo la verità è pane, poiché è considerata pane quotidiano, nell'eternità invece è bevanda, perché non vi sarà bisogno del discutere e dialogare sul tipo dello spezzare e masticare, ma

soltanto del sorso dell'autentica ed evidente verità. Nel tempo i peccati ci son rimessi e li rimettiamo e questa è la seconda delle altre quattro richieste. Nell'eternità non vi sarà perdono dei peccati perché non ci saranno peccati. E le tentazioni travagliano questa vita posta nel tempo; non vi saranno più, quando si avvererà quel pensiero: Li nasconderai nel segreto del tuo volto 103. E il male, da cui desideriamo di essere liberati, ed anche la liberazione dal male appartengono a questa vita che per la giustizia di Dio abbiamo meritato soggetta a morire e da cui per la sua misericordia saremo liberati.

Confronto fra le invocazioni e i doni dello Spirito.

11. 38. A me sembra anche che il numero sette di richieste corrisponda al numero sette, da cui è derivato tutto il discorso. Se infatti è timore di Dio quello con cui sono beati i poveri in spirito, poiché di essi è il regno dei cieli, chiediamo che negli uomini sia santificato il nome di Dio nel genuino timore che permane per sempre 104. Se pietà è quella con cui sono beati i miti, perché essi avranno in eredità la vita eterna, chiediamo che venga il regno di Dio tanto in noi stessi, affinché diventiamo miti e non resistiamo a lui, come nello splendore della venuta del Signore dal cielo alla terra, di cui noi godremo e conseguiremo la gloria, perché egli dice: Venite, benedetti del Padre

mio, ricevete il regno che vi è stato promesso fin dall'origine del mondo105. Nel Signore infatti, dice il profeta, si glorierà la mia anima; ascoltino i miti e si rallegrino 106. Se è scienza, per cui sono beati quelli che piangono perché saranno consolati, preghiamo affinché sia fatta la sua volontà come in cielo così in terra perché non piangeremo più, quando con la definitiva pace dell'alto il corpo, in quanto terra, sarà in armonia con lo spirito in quanto cielo; infatti v'è nel tempo motivo di afflizione solo quando corpo e spirito si urtano fra di sé e ci costringono a dire: Vedo nelle mie membra un'altra legge che muove guerra alla legge della mia mente 107; e a confessare la nostra afflizione con voce di pianto: Me infelice, chi mi libererà da questo corpo di morte? 108 Se è fortezza quella di cui sono beati coloro che hanno fame e sete della virtù perché saranno saziati, preghiamo che ci sia dato oggi il nostro pane quotidiano, affinché da esso sorretti e sostentati possiamo giungere alla piena sazietà. Se è consiglio quello per cui sono beati i misericordiosi perché di essi si avrà misericordia, rimettiamo i debiti ai nostri debitori e preghiamo che a noi siano rimessi i nostri. Se è intelletto quello di cui sono beati i puri di cuore perché vedranno Dio, preghiamo di non essere indotti in tentazione, affinché non abbiamo un cuore doppio non ordinandoci al vero bene a cui riferire tutte le nostre azioni, ma perseguendo insieme i beni del tempo e dell'eternità. Infatti le tentazioni provenienti dalle cose, che sembrano agli uomini opprimenti e dannose, non hanno potere su di noi, se non lo hanno quelle che avvengono dalle lusinghe di quelle cose che gli uomini ritengono buone e fonti di gioia. Se è sapienza quella per cui sono beati gli operatori di pace, perché saranno considerati figli di Dio, preghiamo di essere liberati dal male, perché tale liberazione ci renderà liberi, cioè figli di Dio, affinché con lo spirito di adozione invochiamo: Abba, Padre.

Prevalenza della remissione dei peccati.

11. 39. Senza dubbio non si deve per trascuranza omettere che fra tutte le clausole con cui il Signore ci ha ordinato di pregare, ha giudicato di dover raccomandare soprattutto quella che attiene alla remissione dei peccati, perché in essa ha voluto che fossimo misericordiosi, unica decisione per sfuggire alle miserie della vita. In nessuna altra clausola preghiamo in modo da stipulare quasi un accordo con Dio; diciamo infatti: Rimetti a noi come anche noi rimettiamo. E se in questo accordo mentiamo, non v'è alcun significato di tutta la preghiera. Egli dice appunto: Se infatti rimetterete agli uomini i loro peccati, anche il Padre vostro che è nei cieli li rimetterà a voi. Se invece non rimetterete agli uomini, neanche il Padre vostro rimetterà a voi le vostre colpe 109.

Segretezza del digiuno.

12. 40. Segue il comando sul digiuno che riguarda anche esso la purificazione del cuore, di cui si tratta in questo brano. Anche in questo impegno si deve evitare che s'insinuino l'ostentazione e il desiderio della lode umana che infetta di doppiezza il cuore e non permette che sia puro e schietto a intendere Dio. Dice: Quando digiunate, non diventate tristi come gli ipocriti che si sfigurano la faccia per far vedere agli uomini che digiunano. In verità vi dico, hanno già ricevuto la loro ricompensa. Invece quando voi digiunate, profumatevi la testa e lavatevi il viso per non far vedere agli uomini che digiunate, ma al Padre vostro che è nel segreto; e il Padre vostro, che vede nel segreto, vi ricompenserà 110. È evidente che con questi comandi ogni nostra intenzione è diretta alle gioie interiori, per non conformarci al mondo cercando la ricompensa al di fuori e per non perdere la promessa di una felicità tanto più compiuta e stabile, quanto più intima, con la quale Dio ci ha scelto a divenire conformi all'immagine del Figlio suo.

Ostentazione anche nell'abito negletto.

12. 41. Nel brano citato si deve soprattutto notare che non soltanto nella magnificenza e sfarzo delle cose sensibili, ma anche nel desolato sudiciume degli abiti vi può essere la millanteria, e tanto più dannosa in quanto inganna col pretesto del servizio a Dio. Chi

dunque si distingue per una smodata raffinatezza dell'acconciatura e dell'abbigliamento e per la magnificenza delle altre cose è incolpato dalla realtà stessa di essere seguace degli sfarzi del mondo e non inganna nessuno con una illusoria apparenza di santità. Se qualcuno invece, nel presentarsi come cristiano, attira lo sguardo degli uomini con l'inconsueto squallore e con gli abiti sudici, se lo fa volontariamente e non perché costretto dal bisogno, si può arguire dalle altre sue azioni se lo fa nel rifiuto di una superflua raffinatezza o per ambizione, perché il Signore ha comandato di guardarci dai lupi in pelame di pecora. Dai loro frutti, egli dice: li riconoscerete 111. Quando incominceranno con determinate tentazioni ad essere tolte o impedite quelle prerogative che con quella copertura hanno conseguito o intendono conseguire, allora è inevitabile che appaia se è un lupo col pelame di pecora o una pecora col suo. Non per questo il cristiano deve attirare lo sguardo con ornamenti superflui, perché anche gli imbroglioni spesso assumono un atteggiamento d'indispensabile riserbo per ingannare gli imprudenti, perché anche le pecore non devono deporre il proprio pelame, se talora se ne coprono i lupi.

Pulitezza interiore.

12. 42. È abituale porsi il problema che cosa

significhino le parole: Invece voi, quando digiunate, profumatevi il capo e lavatevi il viso per non far vedere alla gente che digiunate 112. Difatti, sebbene abitualmente ogni giorno ci laviamo il viso, non si potrebbe ragionevolmente comandare che dobbiamo stare col capo profumato quando digiuniamo. E se tutti ammettono che la faccenda è molto sconveniente, si deve intendere che l'ingiunzione di profumarsi il capo e di lavarsi il viso è relativa all'uomo interiore. Quindi il profumarsi il capo è relativo alla gioia e il lavarsi il viso alla pulizia e perciò si profuma chi gioisce nell'interiorità con un atto del pensiero. Per questo convenientemente intendiamo per capo la facoltà che domina nell'anima, dalla quale è evidente che le altre sono dirette e regolate. E compie questa opera chi non cerca la gioia all'esterno per godere carnalmente delle lodi della gente. La carne infatti, poiché deve essere sottomessa, non può assolutamente essere il capo di tutto l'essere umano. Nessuno ha avuto in odio la propria carne 113, dice l'Apostolo quando ingiunge che si deve amare la moglie, ma capo della donna è l'uomo e capo dell'uomo è Cristo 114. Colui dunque, che secondo questo comando desidera avere il capo profumato, goda nell'interiorità durante il suo digiuno, per il fatto stesso che così digiunando si distoglie dai piaceri del mondo per essere sottomesso a Cristo. Così laverà anche il viso, cioè renderà pulito il cuore, con cui vedrà Dio, poiché non si verifica l'offuscamento per la precarietà proveniente dalle sozzure, ma egli sarà sicuro e stabile, perché pulito e schietto. Lavatevi, dice Isaia, purificatevi, togliete la cattiveria dalla vostra coscienza e dalla mia vista 115. Quindi il nostro viso si deve lavare da quelle sozzure, da cui è offeso lo sguardo di Dio. Difatti noi a viso scoperto, riflettendo come in uno specchio la gloria del Signore, veniamo trasformati in quella medesima immagine 116.

Generosità interiore.

12. 43. Spesso anche il pensiero dei bisogni relativi a questa vita ferisce e insudicia l'occhio interiore e generalmente offende di doppiezza il cuore. Così quello che all'apparenza operiamo con bontà nel rapporto con gli altri, non lo operiamo con quel sentimento che il Signore ha voluto, cioè non perché li amiamo, ma perché vogliamo raggiungere per loro mezzo un certo profitto per il bisogno della vita presente. Dobbiamo invece fare del bene ad essi per la loro eterna salvezza e non per un temporaneo profitto. Pieghi dunque Dio il nostro cuore ai suoi insegnamenti e non verso la sete di guadagno 117. Infatti fine di questo comando è la carità che proviene da un cuore puro, da una buona coscienza e da una fede sincera 118. Chi invece provvede a un fratello a causa d'un proprio bisogno proveniente da questa vita, non provvede certamente

in base alla carità, perché non provvede a lui che deve amare come se stesso, ma provvede a sé, o meglio neanche a sé, poiché in questo modo rende doppio il proprio cuore, dal quale è impedito di vedere Dio, sebbene solamente con questa visione si consegue la felicità certa e perenne.

Il nostro tesoro è nel cielo.

13. 44. Quindi egli che insiste per rendere pulito il nostro cuore continua coerentemente e ordina dicendo: Non accumulate tesori sulla terra, dove la tignuola e il bisogno di mangiare li dilapidano e dove i ladri scassinano e rubano; accumulatevi invece tesori nel cielo, dove né la tignuola né il bisogno di mangiare dilapidano e dove i ladri non scassinano e non rubano. Dove è infatti il tuo tesoro sarà anche il tuo cuore 119. Dunque se il cuore è sulla terra, cioè se uno con cuore simile compie un'azione per raggiungere un profitto sulla terra, come sarà pulito se si avvoltola per terra? Se invece agisce in cielo, sarà pulito perché sono puliti tutti gli esseri del cielo. Si deturpa infatti una cosa quando si mescola a un'altra di qualità inferiore, sebbene nel suo genere non sia turpe, perché anche dall'argento puro viene deturpato l'oro se si amalgamano. Così la nostra anima spirituale è deturpata dalla avidità delle cose della terra, sebbene la terra nel suo genere e ordine sia bella. In questo senso vorrei intendere il cielo non

visibile, perché ogni corpo si deve considerare terra. Infatti deve sottovalutare tutto il mondo chi si accumula un tesoro in cielo, quindi in quel cielo, di cui è detto: Il cielo del cielo al Signore 120, ossia nel firmamento dello spirito. Infatti non dobbiamo destinare e stabilire il nostro tesoro e il nostro cuore in quel cielo che passerà, ma in quello che rimane per sempre, perché cielo e terra passeranno 121.

L'occhio simbolo dell'intenzione.

13. 45. E nel discorso rivela che ha impartito tutti questi ammaestramenti per la purificazione del cuore, quando dice: La lucerna del tuo corpo è l'occhio; se dunque il tuo occhio è chiaro, tutto il tuo corpo sarà nella luce; ma se il tuo occhio è malato, tutto il tuo corpo sarà nelle tenebre. Se dunque la luce che è in te è tenebra, quanto grandi saranno le tenebre? 122 Il passo si deve interpretare in modo da farci comprendere che tutte le nostre azioni sono oneste e gradite alla presenza di Dio, se sono compiute col cuore schietto, ossia con l'intenzione verso l'alto nella finalità dell'amore perché pieno compimento della Legge è la carità 123. Per occhio nel passo dobbiamo ravvisare l'intenzione stessa con cui facciamo tutto ciò che facciamo. E se essa sarà pura e retta e volta a raggiungere quel fine che si deve raggiungere, è indispensabile che siano buone tutte le nostre azioni che compiamo in riferimento ad essa. E

il Signore ha considerato l'intero corpo tutte queste azioni, nel senso con cui anche l'Apostolo afferma che sono nostre membra alcune azioni che egli condanna e che ingiunge di mortificare dicendo:Mortificate dunque le vostre membra che sono secondo la terra: fornicazione, impurità, avarizia e le altre simili 124.

L'intenzione è luce dell'azione.

13. 46. Quindi non si deve considerare l'azione che si compie, ma con quale intento si compie. E questa disposizione è luce in noi, poiché con essa ci si evidenzia che compiamo con un buon intento quel che compiamo, poiché tutto quello che si evidenzia è luce 125. Difatti le azioni stesse, che da noi si rapportano alla società umana, hanno un risultato incerto e perciò il Signore le ha definite tenebre. Non so infatti, quando offro denaro a un povero che chiede, che cosa ne farà o che ne subirà; e può avvenire che con esso faccia o da esso subisca un male che io, nel dare, non ho voluto che si verificasse perché non ho dato con questo intento. Quindi se ho compiuto con retta intenzione un'azione che, mentre la compivo, mi era nota e quindi è considerata luce, anche la mia azione ne è illuminata, qualunque risultato abbia avuto. E questo risultato, appunto perché incerto e sconosciuto, è stato considerato tenebre. Se poi ho agito con cattiva intenzione, anche

la luce stessa è tenebre. Si considera luce perché si è coscienti con quale intenzione si agisce, anche se si agisce con cattiva intenzione. Ma la luce stessa è tenebre, perché la schietta intenzione non si volge all'alto, ma devia al basso e per la doppiezza del cuore quasi diffonde ombra. Se dunque la luce che è in te è tenebra, quanto grandi saranno le tenebre? 126 Se l'intenzione del cuore, con cui fai quel che fai e ti è nota, si deturpa e acceca nell'avidità delle cose della terra e del tempo, a più forte ragione si deturpa e si rende oscura l'azione, anche se n'è incerto il risultato. Difatti anche se giova all'altro quel che tu fai senza retta e pura intenzione, ti sarà addebitato come hai agito e non come ha giovato a lui.

Non servire a due padroni.

14. 47. L'inciso che segue: Nessuno può servire a due padroni è anche esso relativo alla suddetta intenzione e lo spiega di seguito con le parole: Infatti o odierà l'uno e amerà l'altro, o sopporterà l'uno e disprezzerà l'altro. Sono parole che si devono esaminare attentamente. Difatti di seguito espone chi siano i due padroni, quando afferma: Non potete servire Dio e mammona 127. Si dice che in ebraico la ricchezza si chiama mammona 128. S'accorda anche il termine cartaginese, poiché il guadagno in cartaginese è mammon. Ma chi è schiavo della mammona, è

schiavo di colui che, a causa della sua perversità posto a capo delle cose terrene, è definito dal Signore principe di questo mondo 129. Dunque l'uomo o avrà in odio l'uno e amerà l'altro, cioè Dio, o sopporterà l'uno e disprezzerà l'altro. Sopporta un padrone spietato e malefico chi è schiavo della mammona. Infatti avvinto dalla propria passione si assoggetta al diavolo e non lo ama, perché nessuno ama il diavolo, ma lo sopporta. Allo stesso modo in una casa con inquilini uno che si è unito con la schiava di un altro tollera, a causa della sua passione, una dura schiavitù, sebbene non ami colui del quale ama la schiava.

Schietta soggezione a Dio.

14. 48. Disprezzerà l'altro, ha detto il Signore, e non ha detto: Odierà. Di quasi nessuno infatti la coscienza può odiare Dio, ma lo disprezza, cioè non lo teme, quando, per così dire, è tranquillo sulla sua bontà. Da questa noncuranza e pericolosa tranquillità ci dissuade lo Spirito Santo quando per mezzo del profeta afferma: Figlio, non aggiungere peccato a peccato e non dire: La misericordia di Dio è grande, perché non capisci che la clemenza di Dio ti invita al pentimento 130. Di chi infatti è possibile richiamare al nostro pensiero la grande misericordia se non di colui che perdona tutti i peccati ai convertiti e rende l'olivo selvatico partecipe della untuosità dell'olivo? E di chi è così grande la severità se non di colui che

non ha perdonato i rami naturali, ma per la mancanza di fede li ha recisi 131? Ma chiunque vuole amare Dio ed evitare di offenderlo non s'illuda di poter servire a due padroni e sgombri la retta intenzione del suo cuore da ogni doppiezza. Così avrà una idea del Signore nella bontà e lo cercherà nella semplicità del cuore.

Eccessiva attenzione alle cose del mondo.

15. 49. Quindi, continua il Signore, vi dico di non avere ansietà per la vostra vita di quel che mangerete né per il corpo di quel che indosserete 132, affinché, anche se non si esigono più le cose superflue, il cuore non sia nella doppiezza per le necessarie e per procacciarsele si perverta la nostra intenzione. Questo affinché, quando compiamo qualche azione apparentemente per compassione, ossia quando vogliamo che appaia il nostro interesse per l'altro, con quell'azione non intendiamo piuttosto il nostro profitto che il giovamento dell'altro e che perciò ci sembra di non peccare, perché non sono superflui ma necessari i vantaggi che vogliamo conseguire. Ma il Signore ci esorta a ricordare che Dio, per il fatto che ci ha creato e composto di anima e di corpo, ci ha dato molto di più di quel che sono il cibo e il vestito, perché non vuole che nella premura per essi noi guastiamo il cuore di doppiezza. La vita, dice egli, non vale forse più del cibo? affinché tu

comprenda che chi ha dato la vita molto più facilmente darà il cibo; e il corpo più del vestito? 133, cioè vale di più, affinché tu ugualmente comprenda che chi ha dato il corpo molto più facilmente darà il vestito.

Per anima s'intende la vita.

15. 50. A questo punto abitualmente si pone il problema se questo cibo è relativo all'anima, perché l'anima è immateriale e il cibo materiale. Ma sappiamo che anima nel brano è usata in luogo di vita, il cui mantenimento è il cibo materiale. Con questo significato si ha anche la frase: Chi ama la propria anima la perderà 134. Che se non la interpreteremo in relazione alla vita presente che bisogna perdere per il regno di Dio, ed è evidente che i martiri lo han potuto, questo insegnamento sarebbe contrario alla massima con cui si afferma: Che cosa giova all'uomo, se guadagna tutto il mondo e poi subisce la perdita della propria anima? 135.

Non ansia per il cibo...

15. 51. Guardate, continua, gli uccelli del cielo, poiché non seminano né mietono né ammassano nei granai; eppure il Padre vostro celeste li nutre. Non siete voi forse più di loro 136, cioè non avete voi più valore? Difatti senza dubbio l'animale ragionevole,

come è l'uomo, è costituito in un ordine più alto degli animali irragionevoli, come sono gli uccelli. Chi di voi, soggiunge, per quanto si dia da fare, può aggiungere alla sua statura un solo cubito? E perché siete ansiosi per il vestito? 137, cioè: il vostro corpo può essere rivestito dalla provvidenza di colui per il cui assoluto potere è avvenuto che fosse condotto alla statura attuale. E che non per il vostro impegno è avvenuto che giungesse a questa statura il vostro corpo si può dedurre dal fatto che se v'impegnate e volete aggiungere un solo cubito a questa statura, non ci riuscite. Lasciate quindi a lui anche l'impegno di coprire il corpo, perché notate che per il suo impegno è avvenuto che abbiate il corpo con tale statura.

...e neanche per il vestito.

15. 52. Bisognava dare un ammaestramento anche per il vestito, come è stato dato per il cibo. Quindi continua: Osservate come crescono i gigli del campo; non lavorano e non filano. Eppure io vi dico che neanche Salomone, nonostante tutto il suo fasto, era vestito come uno di essi. Ora se Dio veste così l'erba del campo, che oggi c'è e domani è gettata nel forno, quanto meglio vestirà voi, uomini di poca fede 138. Ma questi ammaestramenti non si devono esaminare come allegoria sì da farci investigare cosa simboleggino gli uccelli del cielo e i gigli del campo, perché sono allegati soltanto affinché da realtà di

minor valore siano evidenziate quelle di maggior valore. È il caso del giudice, che non temeva Dio e non rispettava l'uomo, e tuttavia si piegò alla vedova che lo supplicava, per esaminare la sua interpellanza, non per compassione o senso di umanità, ma per non subire fastidio 139. Infatti in nessun modo quel giudice ingiusto rappresenta un attributo di Dio, ma il Signore ha voluto che se ne deducesse in che modo Dio, che è buono e giusto, tratta con amore coloro che lo pregano, poiché anche un uomo ingiusto, sia pure per evitare il fastidio, non può trattare con indifferenza coloro che lo infastidiscono con continue suppliche.

Il vero bene è l'unico fine.

16. 53. Dunque, continua, non affannatevi dicendo: Che cosa mangeremo? Che cosa berremo? Che cosa indosseremo? Di tutte queste cose si preoccupano i pagani; il Padre vostro celeste sa infatti che ne avete bisogno. Cercate prima il regno e la giustizia di Dio e tutte queste cose vi saranno date in aggiunta 140. Con queste parole ha fatto capire con molta evidenza che queste cose, pur necessarie, non si devono desiderare come beni di tal valore che, nel compiere qualche azione, dobbiamo considerarli come fine. Che differenza vi sia fra un bene, che si deve considerare come fine, e una cosa necessaria che si deve usare lo ha dichiarato con questa massima, quando ha

detto: Cercate prima il regno e la giustizia di Dio e tutte queste cose vi saranno date in aggiunta. Dunque il regno e la giustizia di Dio sono il nostro bene ed esso si deve considerare e assegnare come fine, per il quale fare tutto quel che facciamo. Ma poiché in questa vita siamo come soldati in viaggio per poter giungere a quel regno, una vita simile non si può tirare avanti senza le cose necessarie. Vi saranno date in aggiunta, dice, ma voi cercate prima il regno di Dio e la sua giustizia. Poiché ha detto prima, ha fatto capire che il necessario si deve cercare dopo non nel tempo ma nel valore, quello come nostro bene, questo come cosa a noi necessaria, ma necessaria per quel bene.

Retta intenzione in Paolo.

16. 54. Ad esempio, non dobbiamo evangelizzare per mangiare, ma mangiare per evangelizzare. Infatti se evangelizziamo per mangiare, stimiamo più spregevole il Vangelo che il cibo e il nostro bene sarà ormai nel mangiare e la cosa necessaria nell'evangelizzare. E questo lo proibisce anche l'Apostolo, quando dice che gli era lecito e permesso dal Signore che coloro i quali annunziano il Vangelo vivano del Vangelo, ossia abbiano dal Vangelo le cose che sono necessarie alla vita, ma che egli non ha usufruito di questa concessione 141. V'erano molti infatti che desideravano avere il pretesto di acquistare

e vendere il Vangelo; e l'Apostolo, volendo loro impedirlo, si guadagnava a stento il proprio vitto con le proprie mani 142. Di loro dice infatti in un altro passo: Per troncare il pretesto a quelli che cercano il pretesto 143. Anche se come gli altri buoni apostoli egli col permesso del Signore avesse avuto il vitto dal Vangelo, non avrebbe stabilito il fine della predicazione del Vangelo nel vitto, piuttosto avrebbe assegnato al Vangelo il fine del proprio vitto, ossia, come ha detto prima, non avrebbe predicato il Vangelo per avere il vitto e le altre cose necessarie, ma avrebbe usato gli utili disponibili per compiere il dovere di predicare il Vangelo non per libera scelta ma per necessità. Ma egli lo disapprovava con le parole: Non sapete che coloro, i quali esercitano funzioni nel tempio, traggono il vitto dal tempio e coloro che prestano servizio all'altare hanno in comune qualcosa dell'altare? Così il Signore ha disposto che coloro che annunziano il Vangelo vivano del Vangelo. Ma io non mi sono avvalso di nessuno di questi diritti 144. Con queste parole dimostra che è una concessione, non un ordine, altrimenti sembrerà che ha agito contro il comando del Signore. Poi continua e dice: Non ho scritto queste cose affinché avvengano così in me. Per me è meglio che io muoia anziché si renda infondato questo mio vanto 145. Lo ha detto, perché aveva stabilito di guadagnarsi il vitto con le proprie mani per alcuni che in lui cercavano un pretesto 146. Infatti, prosegue, non è per me un vanto predicare il Vangelo 147, cioè: Se predicherò il Vangelo affinché avvengano in me queste cose; ossia: Se predicherò il Vangelo appunto per conseguire tali proventi e disporrò il fine del Vangelo nel mangiare, bere e vestire. Ma perché non è per lui un vanto? È infatti, soggiunge, la soggezione al bisogno che mi asservisce, cioè predicare il Vangelo perché non ho da vivere, ovvero per conseguire un vantaggio nel tempo dalla predicazione di verità eterne. In tal modo nella evangelizzazione vi sarà un'imposizione, non un libera scelta. Quindi soggiunge: Guai a me se non predicassi il Vangelo 148. Ma come deve predicare il Vangelo? Nel riporre la ricompensa nel Vangelo stesso e nel regno di Dio. Così può predicare il Vangelo non per costrizione, ma per libera scelta. Se lo faccio per libera scelta, dice, ho diritto alla ricompensa, se invece lo faccio per imposizione, è un'amministrazione che mi è stata affidata 149, ossia: Se predico il Vangelo perché sono costretto dalla mancanza delle cose che sono necessarie alla vita fisica, altri per mio mezzo avranno la ricompensa del Vangelo, perché mediante la mia predicazione ameranno il Vangelo, io invece non l'avrò, perché non amo il Vangelo per sé, ma il compenso assegnato alle attività nel tempo. Ora è un oltraggio che uno tratti il Vangelo non come un figlio, ma come uno schiavo, a cui è stata affidata la gestione economica, come se egli distribuisse la roba d'altri e non abbia altro che i viveri che si danno al di fuori agli estranei, non come partecipazione al regno, ma come sostentamento di una miserabile schiavitù. Eppure in un altro passo l'Apostolo si considera amministratore 150. Infatti anche lo schiavo, adottato nel numero dei figli, può fedelmente amministrare per i suoi compartecipi la sostanza, in cui ha avuto la condizione di coerede. Ma quando dice: Se invece lo faccio per imposizione, è un'amministrazione che mi è stato affidata 151, volle che s'intendesse un amministratore che distribuisce l'altrui, da cui egli non ha nulla.

Rapporto fra fine e mezzo.

16. 55. Dunque qualunque cosa si cerca in relazione a un'altra è senza dubbio inferiore a quella per cui si cerca. Quindi viene prima quella per cui cerchi l'altra, e non quella che cerchi per l'altra. Perciò se cerchiamo il Vangelo e il regno di Dio per il cibo, riteniamo che venga prima il cibo e poi il regno di Dio, sicché, se il cibo non manca, non cerchiamo il regno di Dio. Dunque cercare prima il cibo e poi il regno di Dio significa porre quello al primo posto, questo al secondo. Se invece cerchiamo il cibo per avere il regno di Dio, osserviamo la massima: Cercate prima il regno di Dio e la sua giustizia e tutte queste cose vi saranno date in aggiunta 152.

Primalità del regno di Dio...

17. 56. Se cerchiamo prima il regno e la giustizia di Dio, cioè se li anteponiamo alle altre cose, in modo che per essi le cerchiamo, non deve subentrare l'ansietà che ci manchino le cose che sono necessarie alla vita in relazione al regno di Dio. Il Signore ha detto precedentemente: Sa il Padre vostro che avete bisogno di tutte queste cose. E quindi dopo aver detto: Cercate prima il regno e la giustizia di Dio non ha soggiunto di cercare poi queste, sebbene siano necessarie, ma: Tutte queste cose vi saranno date in aggiunta 153, ossia: Se cercate le cose di Dio, le altre verranno di seguito senza difficoltà da parte vostra, affinché, mentre cercate le cose della terra, non siate distolti dalle altre o affinché non stabiliate di conseguire due fini, sicché desideriate per sé il regno di Dio e le cose necessarie, ma piuttosto queste per l'altro. Così non vi mancheranno perché non potete servire a due padroni 154. Si impegna a servire due padroni chi desidera il regno di Dio e le cose del tempo come un grande bene. Non potrà avere uno sguardo sereno e servire soltanto a Dio Signore, se non valuta tutte le altre cose, se sono necessarie, soltanto in relazione a questo, cioè al regno di Dio. Come tutti i soldati ricevono le vettovaglie e la paga, così gli annunziatori del Vangelo ricevono il vitto e il vestito. Però non tutti fanno i soldati per la prosperità dello Stato, ma per gli utili che ricevono, così non tutti sono al servizio di Dio per la prosperità della

Chiesa, ma per questi utili nel tempo, che ricevono come vettovaglie e paga, ovvero per l'uno e per l'altro. Ma già è stato detto: Non potete servire a due padroni. Quindi dobbiamo con cuore sincero fare del bene per tutti in vista del regno di Dio e nel compiere l'opera buona non attendere la ricompensa degli utili nel tempo o sola o assieme al regno di Dio. E a significare tutte le cose nel tempo ha indicato il domani, dicendo: Non affannatevi per il domani 155. Difatti non si può indicare il domani se non nel tempo, in cui al passato segue il futuro. Dunque quando compiamo qualche buona azione, non pensiamo alle cose del tempo, ma dell'eternità. Allora l'azione sarà buona e perfetta. Infatti il domani, soggiunge, avrà già per sé le sue inquietudini, ossia: quando sarà necessario, prendi il cibo, la bevanda, il vestito, quando cioè il bisogno comincerà a pressare. Vi saranno allora questi utili, perché il nostro Padre sa che di tutte queste cose abbiamo bisogno 156. Infatti, conclude, a ciascun giorno basta la sua afflizione 157, cioè: Basta che ad usare questi beni solleciti il bisogno, e ritengo che appunto per questo l'ha considerata afflizione, perché è per noi causa di pena, in quanto appartiene a questa soggezione alla sofferenza e alla morte che abbiamo meritato peccando. Dunque alla pena del bisogno nel tempo non aggiungere un male più grave, al punto che non solo soffri la mancanza di questi beni, ma anche che soltanto per soddisfarla onori Dio.

...che convoglia l'attenzione al bisogno...

17. 57. A questo punto, quando osserviamo che un servo di Dio s'impegna affinché questi utili non manchino per sé o per coloro che sono affidati alla sua accuratezza, si deve evitare con decisione di giudicare che agisce contro il comando del Signore e che è ansioso per il domani. Il Signore stesso, al quale provvedevano gli angeli 158, tuttavia a titolo di esempio, affinché in seguito nessuno ne menasse scandalo, dopo avere incaricato qualcuno dei suoi di provvedere il necessario, si degnò di avere le borse col denaro, da cui ricavare tutto ciò che occorresse alle esigenze indispensabili. E custode e ladro delle borse, come si ha nella Scrittura, fu Giuda che lo tradì 159. Può sembrare che anche l'apostolo Paolo fu ansioso per il domani, quando scrisse: Quanto alle collette in favore dei fratelli fate anche voi, come ho ordinato alle chiese della Galazia. Ogni primo giorno della settimana ciascuno metta da parte quel che gli è riuscito di risparmiare, affinché non si facciano le collette proprio quando verrò io. Quando poi giungerò, manderò quelli che avete scelto mediante lettera a portare il dono della vostra liberalità a Gerusalemme. E se converrà che vada anche io, verranno con me. Verrò da voi dopo avere attraversato la Macedonia perché attraverserò la Macedonia. Rimarrò forse da voi o anche passerò l'inverno, perché siate voi a predisporre per dove andrò. Non voglio vedervi solo di passaggio, ma

spero di trascorrere un po' di tempo con voi, se il Signore lo permetterà. Mi fermerò tuttavia ad Efeso fino alla Pentecoste 160. Così negli Atti degli Apostoli è scritto che le cose necessarie al sostentamento furono messe in riserva per il domani a causa di una imminente carestia. Vi leggiamo queste parole: In quei giorni alcuni profeti scesero ad Antiochia da Gerusalemme e fu una grande gioia. Mentre eravamo riuniti in adunanza, uno di loro, di nome Agabo, alzatosi in piedi, annunziò per mezzo dello Spirito che vi sarebbe stata una grande carestia che avvenne al tempo dell'imperatore Claudio. Allora alcuni dei discepoli, secondo quello che ciascuno possedeva, stabilirono di mandare un soccorso ai fratelli anziani della Giudea e lo mandarono per mezzo di Barnaba e Saulo 161. E poiché erano sistemate per l'apostolo Paolo sulla nave le cose necessarie al sostentamento, che venivano offerte, è evidente che il vitto era stato procurato non per un solo giorno 162. Egli scrive anche: Chi rubava non rubi più, anzi lavori producendo con le proprie mani l'utile per avere di che dare a chi ne ha bisogno 163. A coloro che non capiscono sembra che Paolo non osservi il comando del Signore: Guardate gli uccelli del cielo, poiché non seminano, né mietono né ammassano nei granai 164; e ancora: Osservate come crescono i gigli del campo; non lavorano e non filano 165, poiché comandò loro di lavorare con le proprie mani per avere anche di che offrire agli altri.

Non sembra quindi che ha imitato gli uccelli del cielo e i gigli del campo, perché afferma di se stesso che ha lavorato con le proprie mani 166 per non esser di peso a nessuno 167; e di lui è stato scritto che a causa della identità del mestiere si era associato ad Aquila per un lavoro in comune, da cui trarre il sostentamento 168. Da queste e simili testimonianze della Scrittura appare evidentemente che nostro Signore non disapprova se secondo l'umana usanza si procura il vitto, ma se per esso si è al servizio di Dio, sicché nelle proprie attività non si ha di mira il regno di Dio ma il conseguimento degli utili.

...malgrado le difficoltà della vita.

17. 58. Dunque tutta la normativa si riduce a questo principio che anche nell'approvvigionamento degli utili teniamo presente il regno di Dio e che non teniamo presenti essi nel servizio al regno di Dio. Così, anche se verranno a mancare, e spesso Dio lo permette per metterci alla prova, essi non solo non fiaccano il nostro proponimento, ma lo confermano perché controllato e consolidato. Infatti, dice l'Apostolo, ci vantiamo nelle tribolazioni, sapendo che la tribolazione produce pazienza, la pazienza una virtù provata e la virtù provata la speranza; la speranza poi non delude perché l'amore di Dio è stato riversato nel nostro cuore per mezzo dello Spirito Santo che ci è stato dato 169. Nel ricordo delle sue

tribolazioni e sofferenze l'Apostolo ricorda di aver sofferto non soltanto nelle carceri e naufragi e in molte altre afflizioni di tal genere, ma anche per la fame, la sete, il freddo, la mancanza di vestiti 170. Quando leggiamo questi fatti, non pensiamo che le promesse del Signore abbiano barcollato in modo che soffrisse fame e sete e mancanza di vestiti l'Apostolo che cercava il regno e la giustizia di Dio, poiché ci è stato detto: Cercate prima il regno e la giustizia di Dio e tutte queste cose vi saranno date in aggiunta 171. Difatti il nostro medico considera queste afflizioni come rimedi perché una volta per sempre ci siamo affidati interamente a lui e da lui abbiamo la garanzia della vita presente e della futura quando deve aggiungere quando togliere, come giudica che a noi giovi. Infatti egli ci guida e dirige per confortarci ed esercitarci in questa vita e per costituirci perennemente dopo questa vita nel riposo eterno. Anche l'uomo quando sottrae i viveri al proprio giumento, non lo priva della propria cura, anzi lo fa per curarlo.

Liberalità nel giudicare.

18. 59. E poiché gli utili si amministrano per spenderli, ovvero, se non v'è ragione di spenderli, si risparmiano, è incerto con quale intenzione avviene, poiché si può fare con semplicità o anche con doppiezza di cuore. Quindi opportunamente a questo

punto ha aggiunto: Non giudicate per non esser giudicati, perché col giudizio con cui giudicherete sarete giudicati e la misura, con cui misurerete, vi sarà restituita 172. Ritengo che in questo passo ci si ingiunge soltanto d'interpretare dalla migliore prospettiva quelle azioni, sulle quali è dubbio con quale intenzione si facciano. Poiché la frase: Dai loro frutti li riconoscerete 173 è relativa alle azioni palesi, che non possono essere compiute con buona intenzione, come sono le violenze carnali, le bestemmie, i furti, l'ubriachezza ed altre, sulle quali ci si permette di giudicare, perché l'Apostolo dice: Spetta forse a me giudicare quelli di fuori? Non sono quelli di dentro che voi giudicate?174 Riguardo al genere di cibi, poiché si possono indifferentemente usare con buona intenzione e con semplicità di cuore, senza avidità, tutti i cibi adatti all'uomo, l'Apostolo vieta che fossero giudicati coloro che si nutrivano di carne e bevevano il vino da coloro che si moderavano nell'uso di tali cibi. Egli dice: Chi mangia non disprezzi chi non mangia e chi non mangia non giudichi male chi mangia; e soggiunge: Chi sei tu per giudicare uno schiavo che non è tuo? Stia in piedi o cada, riguarda il suo padrone 175. Dai modi di agire, che possono verificarsi con intenzione buona, schietta e segnalata, sebbene anche con intenzione non buona, quei tali volevano esprimere un parere sulle condizioni più intime del cuore, sulle quali soltanto Dio giudica.

Giudizio e cose manifeste o nascoste.

18. 60. Attiene all'argomento anche quello che l'Apostolo dice in un altro passo: Non giudicate prima del tempo, finché venga il Signore e metta in luce i segreti delle tenebre, egli manifesterà le intenzioni dei cuori. E allora ciascuno avrà la sua lode da Dio 176. Vi sono delle azioni di mezzo che non sappiamo con quale intenzione si compiono, perché si possono compiere con buona e cattiva intenzione ed è avventato giudicarle, soprattutto per condannarle. Ma verrà il tempo di giudicarle, quando il Signore metterà in luce i segreti delle tenebre e manifesterà le intenzioni dei cuori. In un altro passo l'Apostolo dice: Di alcuni uomini i peccati sono manifesti perché precedono per il giudizio, altri invece dopo 177. Considera manifesti quei peccati, dei quali è evidente con quale intenzione si compiano; essi precedono per il giudizio, ossia perché se il giudizio sarà dopo di essi, non è temerario. Vengono dopo quelli che sono nascosti, perché anche essi a loro tempo non saranno nascosti. Allo stesso modo si deve pensare delle opere buone. Soggiunge infatti: Similmente anche le opere buone sono manifeste e tutte quelle stesse che non sono tali non possono rimanere nascoste 178. Giudichiamo dunque le opere manifeste, sulle nascoste lasciamo il giudizio a Dio perché anche esse, buone e cattive, non possono rimanere nascoste, quando giungerà il tempo in cui siano rese manifeste.

Giudizi temerari.

18. 61. Vi sono però due casi nei quali dobbiamo evitare il giudizio temerario, cioè quando è incerto con quale intenzione un fatto sia avvenuto, o quando è incerto quale sarà l'uomo che attualmente sembra buono o cattivo. Se, ad esempio, un tale lamentandosi dello stomaco, non ha voluto digiunare e tu non credendo, lo attribuirai al vizio dell'ingordigia, farai un giudizio temerario. Egualmente se sarai informato sulla manifesta ingordigia e abitudine alla ubriachezza e rimprovererai come se quel tale non possa correggersi ed emendarsi, giudicherai sempre con temerità. Non critichiamo dunque le azioni, di cui non sappiamo con quale intenzione siano compiute e non critichiamo allo stesso modo quelle che sono palesi, come se dubitassimo del ravvedimento; così eviteremo il giudizio, di cui nel testo è detto: Non giudicate per non essere giudicati 179.

Ricambio fra giudizio temerario e pena.

18. 62. Può turbare quello che ha soggiunto: Infatti col giudizio con cui giudicherete sarete giudicati e con la misura con cui misurerete sarete misurati 180. Forse che se noi avremo giudicato con un giudizio temerario, anche Dio ci giudicherà con temerità? O forse che, se avremo misurato con una misura ingiusta, anche presso Dio v'è la misura ingiusta con cui saremo misurati? Suppongo infatti che col termine

di misura è stato indicato lo stesso giudizio. In senso assoluto Dio non giudica con temerità e non dà il contraccambio a qualcuno con una misura ingiusta. Ma è stato detto perché inevitabilmente ti condanna la temerità con cui condanni l'altro. Ma forse si deve presumere che la malignità danneggi un po' colui contro il quale si muove e per niente colui dal quale si muove. Anzi al contrario spesso non danneggia affatto colui che subisce l'oltraggio e inevitabilmente invece danneggia chi lo fa. Infatti in che senso ha danneggiato i martiri la cattiveria dei persecutori? Ai persecutori invece moltissimo. E sebbene alcuni di loro si sono emendati, tuttavia nel periodo in cui perseguitavano li accecava la loro perversità. Così un giudizio temerario spesso non danneggia affatto colui che viene giudicato con temerità, ma inevitabilmente la temerità stessa danneggia colui che giudica con temerità. Ritengo che secondo questo principio siano da intendere anche le parole: Chiunque colpisce con la spada di spada morirà 181. Molti infatti colpiscono con la spada e non muoiono di spada, come anche lo stesso Pietro. Ma qualcuno potrebbe pensare che per merito del perdono dei peccati egli sia sfuggito a tale pena, sebbene niente di più assurdo si penserebbe che poté essere più grave la pena della spada che non toccò a Pietro di quella della croce che egli sostenne. Che dire allora dei briganti che furono crocefissi col Signore, giacché quegli che meritò il perdono lo meritò dopo essere stato crocefisso e l'altro non lo meritò affatto 182? Forse che avevano crocefisso tutti quelli che avevano ucciso e perciò anche essi meritarono di subire questa pena? È assurdo pensarlo. Quindi le parole: Chiunque colpisce con la spada di spada morirà non significano altro che l'anima muore col peccato, qualunque ne abbia commesso.

Fra odio e correzione.

19. 63. Quindi in questo passo il Signore ci avverte sul giudizio temerario e offensivo. Egli vuole infatti che con cuore sincero e rivolto unicamente a Dio compiamo tutte le azioni che compiamo; e vi sono molte azioni che è incerto con quale sentimento si compiano ed è avventato il giudicarle. Invece giudicano temerariamente su fatti incerti e li criticano con indifferenza soprattutto coloro che amano biasimare e condannare anziché emendare e correggere ed è il vizio della superbia o invidia. Perciò il Signore prosegue e dice: Perché osservi la pagliuzza nell'occhio di tuo fratello e non vedi la trave nel tuo occhio? 183. È il caso, ad esempio, che egli ha peccato per ira, tu invece critichi con odio. Quanta differenza appunto v'è fra la pagliuzza e la trave, altrettanta quasi fra l'ira e l'odio. L'odio infatti è un'ira inveterata che, per così dire, con l'invecchiare ha acquisito tanta resistenza che giustamente si considera trave. Può avvenire infatti che, se ti adiri con un uomo, intendi che si corregga;

se invece lo odi, non ottieni che egli intenda correggersi.

Umiltà e bontà nel correggere.

19. 64. Come puoi dire a un tuo fratello: Permetti che tolga la pagliuzza dal tuo occhio, mentre nell'occhio tuo c'è la trave? Ipocrita, togli prima la trave dal tuo occhio e poi vedrai di togliere la pagliuzza dall'occhio di tuo fratello 184, ossia: Prima rimuovi l'odio e poi potrai correggere l'uomo che ami. E ha detto bene: Ipocrita. Infatti biasimare i vizi è compito di uomini buoni e benevoli, ma, quando lo fanno i cattivi, recitano la parte degli altri, come gli attori che nascondono sotto la maschera quel che sono e imitano con la maschera quel che non sono. Quindi nell'appellativo di ipocriti intenderai gli impostori. Ed è veramente molto insopportabile e spiacevole la razza degli impostori poiché, mentre intraprendono con odio e astio la censura dei vizi, intendono anche essere considerati consiglieri. E quindi con tenerezza e prudenza si deve stare attenti che se la emergenza costringerà a riprendere o rimproverare qualcuno, per prima cosa riflettiamo se è un vizio che non abbiamo mai avuto o che ce ne siamo liberati. E se non l'abbiamo mai avuto, riflettiamo che anche noi siamo uomini e abbiamo potuto averlo; se invece l'abbiamo avuto e non l'abbiamo più, la comune debolezza renda attenta la memoria in modo che non l'odio ma

la compassione preceda la riprensione o il rimprovero, sicché tanto se contribuiscono al suo ravvedimento come alla sua ostinazione, giacché il risultato è incerto, noi tuttavia siamo tranquilli sulla sincerità del nostro giudizio. Se poi riflettendo riscontreremo che anche noi ci troviamo in quel vizio, in cui si trova colui che ci apprestavamo a riprendere, non riprendiamo e non rimproveriamolo, ma proviamone insieme dolore e invitiamolo non ad ascoltarci ma a tentare insieme.

L'uniformarsi in Paolo.

19. 65. In merito dice l'Apostolo: Sono diventato giudeo con i Giudei, per guadagnare i Giudei; con coloro che sono sotto la legge sono diventato come uno che è sotto la legge, pur non essendo sotto la legge, allo scopo di guadagnare quelli che sono sotto la legge; con coloro che non hanno legge sono diventato come uno che è senza la legge, pur non essendo senza la legge di Dio, anzi essendo nella legge di Cristo, per guadagnare coloro che sono senza legge. Sono diventato debole con i deboli per guadagnare i deboli; sono diventato tutto per tutti per guadagnare tutti 185. Certamente non realizzava questa esperienza per finzione, come alcuni vorrebbero interpretare per proteggere la loro detestabile finzione con l'autorità di un così sublime modello, ma la realizzava, perché considerava come

propria la debolezza di colui al quale voleva venire incontro. E l'ha premesso dicendo: Infatti pur essendo libero da tutti, sono diventato servo di tutti per guadagnarne il maggior numero 186. E affinché tu comprenda che non per finzione ma mediante la carità questo avviene, perché con essa commiseriamo i deboli, come se lo fossimo noi, in un altro passo esorta con le parole: Voi, fratelli, siete stati chiamati alla libertà, purché non usiate questa libertà come pretesto della passione, ma mediante la carità siate a servizio gli uni degli altri 187. E questo non può avvenire se uno non considera come propria la debolezza dell'altro per sopportarla con serenità fino a che non se ne libera colui di cui cura la salute.

Prudenza nel correggere.

19. 66. Quindi raramente e in casi di grande necessità si devono usare i rimproveri, in modo che anche in essi ci preoccupiamo che si sia sottomessi a Dio e non a noi stessi. Egli infatti è fine affinché nulla facciamo con doppiezza di cuore, togliendo dal nostro occhio la trave dell'invidia o malignità o finzione per vedere di trar fuori la pagliuzza dall'occhio del fratello. La vedremo infatti con gli occhi della colomba 188, quali sono esaltati nella sposa di Cristo, che Dio si è scelto come Chiesa gloriosa, perché non ha neo o grinza, cioè è pulita e riservata 189.

Prudenza nella evangelizzazione.

20. 67. Il termine di riservatezza può trarre in errore alcuni che desiderano obbedire ai comandamenti di Dio, sicché ritengono che sia una colpa occultare il vero, come è una colpa dire talora il falso. In questo modo spiegando le verità, che coloro ai quali vengono spiegate non possono capire, fanno un danno maggiore che se le tenessero completamente e sempre nascoste. Quindi il Signore molto opportunamente soggiunge: Non date una cosa santa ai cani e non gettate le vostre perle davanti ai porci affinché non le calpestino con le loro zampe e non si voltino per sbranarvi 190. Difatti il Signore, sebbene non abbia mai mentito, ha mostrato di aver tenute nascoste alcune verità, dicendo: Molte cose ho ancora da dirvi, ma per il momento non siete capaci di portarne il peso 191. E l'apostolo Paolo dice: Io non ho potuto parlare a voi come a uomini spirituali, ma come ad esseri carnali. Come neonati in Cristo vi ho dato da bere latte per bevanda e non cibo solido, perché non eravate capaci, ma neanche ora lo potete, perché siete ancora carnali 192.

Cani e porci contro la verità.

20. 68. Nel comando con cui ci si proibisce di dare una cosa santa ai cani e di gettare le nostre perle ai porci, si deve esaminare attentamente che cosa significhi una cosa santa, che cosa le perle, i cani e i

porci. Una cosa santa è quella che è empietà violare e profanare. Di questo crimine sono considerati colpevoli il tentativo e l'intenzione, sebbene la cosa santa è di per sé inviolabile e improfanabile. Sono da considerarsi perle tutti i grandi valori dello spirito e poiché sono nascoste in un recesso, sono tratte, per così dire, dalla profondità e si rinvengono negli involucri delle allegorie, quasi paragonabili ai gusci di conchiglia aperti. È ammessa dunque questa interpretazione: si possono considerare una sola e medesima realtà una cosa santa e la perla, ma una cosa santa dal fatto che non si deve profanare, una perla dal fatto che non si deve conculcare. Un tizio tenta di profanare quel che non vuole illeso; conculca invece quel che ritiene spregevole e lo considera sotto di sé e perciò si dice che è calpestato tutto ciò che si conculca. Perciò i cani, poiché assaltano per dilaniare, non permettono che rimanga illeso l'essere che dilaniano. Non date, dice il Signore, una cosa santa ai cani 193, poiché anche se non è possibile dilaniare e profanare ed essa rimane illesa e inviolabile, si deve riflettere che cosa intendono coloro che si oppongono con odio accanito e per quanto sta in loro, se fosse possibile, tentano di distruggere la verità. I porci poi, sebbene non assalgano col morso come i cani, imbrattano dappertutto calpestando. Non gettate dunque, dice il Signore, le vostre perle davanti ai porci affinché non le calpestino con le loro zampe e non si voltino per farvi a pezzi 194. Ritengo dunque che non illogicamente i cani siano indicati per coloro che contraddicono la verità e i porci per coloro che la conculcano.

Motivazione della segretezza.

20. 69. Dice: Si voltino per farvi a pezzi, non dice: Facciano a pezzi le perle. Calpestandole infatti, quando si voltano, per ascoltare ancora qualche parola, fanno a pezzi colui da cui sono state già gettate le perle che hanno calpestato. Difatti non troverai con facilità che cosa possa essere gradito a chi ha calpestato le perle, cioè ha conculcato le verità divine conseguite con tanto impegno. E non vedo come chi le insegna non sia fatto a pezzi dallo sdegno e dal disgusto. L'uno e l'altro, il cane e il porco, sono animali immondi. Si deve evitare dunque di svelare la verità a chi non l'accoglie; è meglio che cerchi da sé una verità nascosta, anziché travisi o neghi quella che gli è svelata. E oltre l'odio e il conculcamento non si trova altra ragione per cui le grandi verità rivelate non siano accolte; e per il primo sono stati indicati i cani e per l'altro i porci. E tutta questa immondezza si rende comprensibile attraverso le cose del tempo, ossia attraverso l'amore di questo mondo, al quale ci si ingiunge di rinunziare affinché possiamo essere puri. Chi dunque desidera avere il cuore sereno e puro non deve ritenersi colpevole, se tiene segreta una verità che colui, al quale la tiene segreta, non può capire. Né

da questa massima si deve presumere che sia permesso mentire poiché non ne consegue che quando si tiene nascosto il vero si dice il falso. Si deve quindi ottenere prima che siano tolti gli impedimenti, per i quali avviene che uno non accoglie il vero; e se non lo accoglie a causa delle immondezze, si deve purificarlo con la parola e con l'azione, per quanto ci è possibile.

Gesù modello dell'insegnamento.

20. 70. Poiché si riscontra che nostro Signore ha detto alcune verità che molti dei presenti o per contrasto o per disprezzo non accolsero, non si deve ritenere che ha dato una cosa santa ai cani o che ha gettato le perle davanti ai porci, perché egli non ha parlato per quelli che non potevano accoglierle, ma per quelli che lo potevano ed erano ugualmente presenti e che non conveniva trascurare a causa della immondezza degli altri. E quando lo interrogavano quelli che lo mettevano alla prova e rispondeva loro in modo che non potessero contraddire, sebbene si struggessero con i propri veleni, anziché saziarsi del suo cibo, tuttavia dal loro intervento gli altri, che potevano apprendere, ascoltavano con vantaggio. Ho detto questo affinché se uno per caso non potrà rispondere a chi lo interroga, non si ritenga scusato col dire che non vuole dare una cosa santa ai cani e gettare le perle davanti ai porci. Chi sa cosa rispondere deve

rispondere, sia pure per gli altri, nei quali sorge la sfiducia se riterranno che la questione non si può risolvere, e questo su argomenti utili e attinenti al problema della salvezza. Vi sono certamente molti argomenti che possono essere messi in discussione da coloro che non hanno una occupazione e sono superflui, vuoti e spesso dannosi, sui quali tuttavia qualcosa si può dire, ma si deve manifestare e spiegare il motivo, per cui non è necessario indagarli. Sugli argomenti importanti si deve qualche volta rispondere a quel che viene chiesto, come ha fatto il Signore quando i Sadducei gli chiesero riguardo alla donna, che ebbe sette mariti, di chi sarebbe stata nella risurrezione. Rispose che nella risurrezione non prenderanno né marito né moglie, ma saranno come gli angeli in cielo 195. Talora colui che interroga si deve interrogare su un altro argomento e, se lo esporrà, egli si risponda da se stesso su ciò che ha chiesto e, se non vorrà, non sembri ingiusto ai presenti se egli non ha una risposta su ciò che ha chiesto. Infatti quelli che, per mettere alla prova, interrogarono se si doveva dare il tributo, furono interrogati su un altro assunto, cioè: di chi aveva l'effigie la moneta che fu da loro mostrata; e poiché risposero su ciò che era stato loro richiesto, ossia che la moneta aveva l'effigie di Cesare, in certo senso si risposero da sé su ciò che avevano chiesto al Signore. Perciò egli dalla loro risposta concluse: Rendete dunque a Cesare quel che è di Cesare e a Dio quel che è di Dio 196. Poiché i più ragguardevoli dei sacerdoti e gli anziani del popolo lo interrogarono con quale autorità compisse le sue opere, egli li interrogò sul battesimo di Giovanni; e poiché essi non volevano dire qualche cosa che, a loro avviso, era contro se stessi e non osavano a motivo dei presenti parlare male di Giovanni, egli disse:Neanche io vi dico con quale autorità compio questa opera 197; e la risposta sembrò molto giusta ai presenti. Dissero di ignorare ciò che non ignoravano, ma che non volevano dire. E in verità era giusto che essi, i quali volevano che si rispondesse loro su ciò che avevano chiesto, facessero essi quel che chiedevano si facesse per essi; se lo avessero fatto, avrebbero certamente risposto a se stessi. Essi stessi infatti avevano mandato da Giovanni a chiedere chi fosse, o meglio erano stati mandati essi, come sacerdoti e leviti, credendo che fosse il Cristo, quando egli negò di esserlo e rese testimonianza al Signore 198. E se da quella testimonianza avessero voluto riconoscerlo, avrebbero insegnato a se stessi con quale autorità Cristo compiva quelle opere, sebbene avessero chiesto come se non lo sapessero per trovare il pretesto di calunniarlo.

Richiesta del bene, ricerca del vero.

21. 71. Essendo dunque stato comandato di non dare una cosa santa ai cani e di non gettare le perle davanti

ai porci, un uditore poteva replicare e dire, poiché era consapevole della propria ignoranza e instabilità e credeva che gli si ingiungesse di non dare quel che sapeva di non avere ancora ricevuto; poteva dunque replicare e dire: Quale cosa santa mi proibisci di dare ai cani e quali perle di gettare davanti ai porci, poiché mi accorgo che ancora non le ho? Perciò molto opportunamente ha soggiunto: Chiedete e vi sarà dato; cercate e troverete; bussate e vi sarà aperto; infatti chiunque chiede riceve e chi cerca trova e a chi bussa sarà aperto 199. La richiesta è relativa a conseguire la sanità e la serenità della coscienza, affinché possiamo eseguire gli obblighi imposti; la ricerca invece è relativa a scoprire la verità. Poiché la felicità si consegue con l'azione e la conoscenza, l'azione postula la moralità degli atti, la contemplazione la rivelazione della verità. Di queste nozioni la prima si deve chiedere, la seconda ricercare, affinché quella sia data, questa sia ritrovata. Ma in questa vita la conoscenza è piuttosto della via che del conseguimento. Ma quando l'uomo troverà la via vera, giungerà al conseguimento che tuttavia sarà aperto a chi bussa.

Chiedere, cercare, bussare, esemplificati.

21. 72. Ma affinché questi tre atti, la richiesta, la ricerca e la bussata si evidenzino, a titolo d'esempio supponiamo che un tale dai piedi malati non può

camminare. Prima quindi deve essere guarito e reso abile a camminare, e a questo è relativa l'ingiunzione: Chiedete. Ma a che serve che può camminare o anche correre, se si smarrirà per sentieri che deviano? Secondo compito è dunque che trovi la via che conduce dove egli vuol giungere. Quando l'avrà raggiunta e percorsa, se troverà chiuso l'ambiente in cui vuole abitare, non gli gioverà l'aver potuto camminare, l'aver camminato e l'essere arrivato se non gli viene aperto; a questo attiene l'ingiunzione: Bussate.

Confronto fra noi e il Padre nel fare il bene.

21. 73. Ed ha assicurato una grande speranza colui che nel promettere non illude; ha detto infatti: Chiunque chiede riceve e chi cerca trova e a chi bussa sarà aperto 200. Quindi si richiede la perseveranza per ricevere quel che chiediamo, trovare quel che cerchiamo e affinché ci si apra dove bussiamo. Come infatti ha trattato degli uccelli del cielo e dei gigli del campo 201, affinché non perdessimo la speranza che ci sarebbe stato per noi vitto e vestito in modo che la speranza da cose umili si elevasse a quelle di valore, così a questo punto continua: O chi di voi, se il figlio gli chiederà un pane, gli darà una pietra? O se gli chiederà un pesce, gli darà un serpente? Se dunque voi, che siete cattivi,

sapete dare cose buone ai vostri figli, quanto più il Padre vostro che è nei cieli darà cose buone a quelli che gliele chiedono 202. In che senso i cattivi danno cose buone? Ma ha considerato cattivi quelli che amano ancora il mondo e quelli che peccano. Le cose buone che danno si devono considerare buone secondo il loro modo di agire, poiché le ritengono un bene. E sebbene queste cose in natura siano buone, tuttavia sono nel tempo e di spettanza a questa vita soggetta al male. E il cattivo che le dà non dà del suo. Infatti del Signore è la terra e quanto contiene 203, perché egli ha creato il cielo e la terra e il mare e tutte le cose che sono in essi 204. Si deve molto sperare che Dio darà le cose buone a noi che le chiediamo e che non possiamo essere ingannati nel ricevere una cosa per un'altra, quando chiediamo a lui, perché anche noi, pur essendo cattivi, sappiamo dare quel che ci si chiede. Infatti non inganniamo i nostri figli, e tutte le cose buone che diamo non le diamo del nostro ma del suo.

Il bene da farsi.

22. 74. La perseveranza e un certo vigore del camminare sono stabiliti nell'onestà morale che si svolge fino alla purificazione e serenità del cuore. Avendo parlato a lungo di essa il Signore conclude: Tutto il bene che volete gli uomini facciano a voi, anche voi fatelo a loro; questa è appunto la

Legge e i Profeti 205. Nei codici greci troviamo: Dunque tutto quanto voi volete che gli uomini facciano per voi, anche voi fatelo per loro, ma penso che per dar rilievo alla massima nei codici latini sia stato aggiunto il concetto di bene. Infatti si presentava il caso che se uno volesse che a suo riguardo avvenga qualche cosa in termini di disonestà e allo scopo citi questa massima, ad esempio se un tizio volesse essere stimolato a bere senza ritegno e si riempia di bicchieri di vino ed egli stimoli prima un altro da cui vuole essere stimolato, è assurdo pensare che abbia rispettato tale massima. Siccome questo poteva lasciare perplessi, come penso, è stato aggiunto a chiarire il pensiero una parola, in modo che alla frase: Tutto quanto voi volete che gli uomini facciano per voi, è stato aggiunto di bene. E se manca nei codici greci anche essi devono essere emendati. Ma chi oserebbe farlo? Si deve quindi ammettere che la massima è completa e del tutto esatta, anche se non si aggiunge quella parola. L'espressione Tutto quanto volete deve essere non secondo l'uso ovunque corrente ma con proprietà. La volontà infatti è soltanto del bene, poiché per le azioni malvagie e disonorevoli secondo proprietà si parla di passione e non di volontà. Non sempre i libri della Scrittura si esprimono così, ma dove è necessario usano termini così appropriati che non lasciano intendere altro.

Insistenza sull'amore al prossimo.

22. 75. Sembra che questo comandamento appartenga all'amore del prossimo e non anche a quello di Dio, giacché in un altro passo il Signore dice che sono due i comandamenti in cui si assommano tutta la Legge e tutti i Profeti 206. Infatti se avesse detto: Quanto volete che vi sia fatto, anche voi fatelo, con questa sola formula avrebbe incluso l'uno e l'altro comandamento, poiché con immediatezza si avrebbe il concetto che ognuno vuole essere amato e da Dio e dal prossimo. Quindi se gli si comandasse di fare quel che vorrebbe sia fatto a lui, gli si comanderebbe di amare Dio e gli uomini. Ma poiché più espressamente sono stati indicati gli uomini nella frase: Tutto quanto voi volete che gli uomini vi facciano, anche voi fatelo a loro 207 sembra che sia stato prescritto soltanto il comandamento: Amerai il prossimo tuo come te stesso. Ma non si deve disattendere quel che ha soggiunto: Questo sono infatti la Legge e i Profeti 208. Nei due comandamenti non dice soltanto: Si assommano la Legge e i Profeti, ma ha detto: Tutta la Legge e tutti i Profeti, come se fosse ogni profezia. Ma poiché nel passo in esame non l'ha aggiunto, ha lasciato vuoto il posto all'altro comandamento che riguarda l'amore di Dio. Qui invece poiché espone i comandamenti della sincerità del cuore e ci si preoccupa per loro perché nessuno abbia il cuore doppio nei confronti di coloro ai quali il cuore si può tenere nascosto, cioè nei confronti degli uomini, solo questo si doveva ingiungere. Non

v'è quasi nessuno il quale voglia che l'altro tratti con lui con doppiezza di cuore. Ma questo è impossibile che, cioè, un uomo dia qualcosa a un altro con semplicità di cuore, se non lo dà in modo da non attendere da lui alcun vantaggio nel tempo e lo faccia con quella intenzione sulla quale abbiamo trattato in precedenza, quando parlavamo della serenità dell'occhio.

L'occhio puro e la retta intenzione.

22. 76. Dunque l'occhio purificato e reso sereno sarà abile e idoneo a percepire e ad esprimere logicamente la sua luce interiore. Questo è l'occhio del cuore. E ha un occhio simile chi stabilisce il fine delle proprie opere buone, affinché siano veramente buone, non nell'intento di essere graditi agli uomini, ma anche se avverrà di essere graditi, lo riferisce piuttosto alla loro salvezza e alla gloria di Dio e non alla propria ostentazione. Quindi non compie il bene per la salvezza del prossimo per esigere da lui le cose necessarie a trascorrere la vita; inoltre non condanna avventatamente l'intenzione e la volontà dell'uomo in quell'azione, in cui non si evidenzia con quale intenzione e volontà sia stata compiuta; poi qualsiasi obbligo esegue per l'altro, lo esegue con l'intenzione con cui vuole che sia eseguito per sé, ossia che da lui non attenda qualche vantaggio nel tempo. Così sarà il cuore sereno e puro, nel quale si cerca

Dio. Beati quindi i puri di cuore perché vedranno Dio 209.

La beatitudine dei pacifici nella sincerità e coerenza (23, 77 - 27, 87)

Porta stretta e via angusta.

23. 77. Ma poiché questo stato è di pochi, ormai il Signore comincia a parlare della ricerca e possesso della saggezza che è l'albero della vita 210. Ma per ricercarla e possederla, cioè per contemplarla, un tale occhio è stato indirizzato a tutti gli antecedenti ammaestramenti, affinché con esso possa esser veduta la via angusta e la porta stretta. Dice il Signore: Entrate per la porta stretta, perché larga è la porta e spaziosa la via che conduce alla perdizione e sono molti quelli che entrano per essa; quanto stretta è invece la porta e quanto angusta la via che conduce alla vita e sono pochi quelli che la trovano 211. Non dice questo perché il giogo del Signore è aspro e il carico pesante, ma perché pochi vogliono porre un termine alle tribolazioni in quanto non credono a lui che grida: Venite a me voi tutti che siete affaticati ed oppressi e io vi ristorerò. Prendete il mio giogo sopra di voi e imparate da me perché sono mite e umile di cuore; infatti il mio giogo è dolce e il mio carico leggero 212. Per questo appunto il discorso ha preso

lo spunto dagli umili e miti di cuore 213. Però molti respingono, pochi accettano il giogo dolce e il carico leggero e ne consegue che angusta è la via che conduce alla vita e stretta la porta per cui vi si entra.

Riconoscere dai frutti.

24. 78. A proposito dunque bisogna soprattutto guardarsi da coloro che promettono la sapienza e la conoscenza della verità che non hanno, come sono gli eretici, i quali spesso si fanno valere per il loro scarso numero. Quindi il Signore, dopo aver detto che son pochi quelli che imboccano la porta stretta e la via angusta, affinché essi non si intromettano col pretesto dello scarso numero, subito soggiunse: Guardatevi dai falsi profeti che vengono da voi in veste da pecore, ma dentro sono lupi rapaci 214. Ma essi non ingannano l'occhio sereno che dai frutti sa distinguere l'albero; dice infatti: Dai loro frutti li riconoscerete. Quindi aggiunge alcune analogie: Raccolgono forse uva dalle spine o fichi dai rovi? Così ogni albero buono produce frutti buoni e ogni albero cattivo produce frutti cattivi. Non può un albero buono produrre frutti cattivi, né un albero cattivo produrre frutti buoni. Ogni albero che non produce frutti buoni viene tagliato e gettato nel fuoco. Dai loro frutti dunque li riconoscerete 215.

Albero buono e cattivo simbolo dell'uomo.

24. 79. A questo punto bisogna guardarsi soprattutto dall'errore di coloro, i quali suppongono che dai due alberi sono indicate due nature, una delle quali è di Dio, l'altra né di Dio né da Dio. Di questo errore è già stato discusso diffusamente in altri libri e se è ancora poco, se ne discuterà; ora si deve dimostrare che questi due alberi non li suffragano. Prima di tutto è evidente che il Signore parla degli uomini, sicché chi ha letto i brani che vengono prima e dopo, si meraviglia della cecità di costoro. Poi rivolgono l'attenzione alla frase: Non può un albero buono produrre frutti cattivi e un albero cattivo frutti buoni 216 e pensano che non può avvenire che un'anima cattiva diventi buona e una buona diventi cattiva come se si avesse questo concetto: Non può un albero buono diventare cattivo né un albero cattivo diventare buono. Ma il concetto è questo: Non può un albero buono produrre frutti cattivi né un albero cattivo frutti buoni. L'albero invece è l'anima, cioè l'uomo e i frutti le azioni dell'uomo. Quindi l'uomo cattivo non può compiere il bene né il buono il male. Perciò il cattivo, se vuole fare del bene, prima diventi buono. In un altro passo più evidentemente il Signore afferma: O producete l'albero buono o producete l'albero cattivo 217. Che se con i due alberi simboleggiava le due nature, non avrebbe detto: Producete. Chi degli uomini infatti può produrre una natura. Quindi anche in quel brano,

dopo aver parlato degli alberi, soggiunse: Ipocriti, come potete dire cose buone se siete cattivi 218. Finché dunque un tale è cattivo, non può produrre frutti buoni, perché se produce frutti buoni, ormai non è più cattivo. Allo stesso modo con assoluta verità si poteva dire: La neve non può essere calda, perché se cominciasse a essere calda, non la consideriamo più neve ma acqua. Può avvenire dunque che quella che era neve non lo sia più, ma non può avvenire che la neve sia calda. Così può avvenire che chi è stato cattivo non lo sia più, ma non può avvenire che un cattivo agisca bene. E sebbene egli talora si rende utile, non lui lo pone in atto, ma da lui proviene con l'intervento della Divina Provvidenza, come è stato detto dei Farisei: Fate quello che vi dicono, ma non fate quello che essi fanno 219. Il fatto che proponevano il bene e venivano ascoltate e osservate con vantaggio le cose che dicevano non era merito loro. Difatti, dice il Signore, sono seduti sulla cattedra di Mosè 220. Dunque con la Divina Provvidenza coloro che insegnano la parola possono essere utili agli ascoltatori, sebbene non lo siano a se stessi. Di essi in un altro passo è stato detto mediante il profeta:Seminate il grano e raccogliete le spine 221, perché ingiungono il bene e fanno del male. Quindi coloro che li ascoltavano ed eseguivano quel che dicevano non raccoglievano l'uva dalle spine, ma l'uva dalla vite attraverso le spine. È il caso di uno che mette la mano attraverso la siepe o anche coglie l'uva dalla vite avvoltolata sulla siepe; quel frutto non è certamente delle spine ma della vite.

Sincerità e menzogna nel bene.

24. 80. Con retto criterio si pone il problema dei frutti, ai quali il Signore vuole che poniamo l'attenzione per poter distinguere l'albero. Molti ascrivono ai frutti alcune proprietà che appartengono al pelame delle pecore e così sono ingannati dai lupi, come sono i digiuni, le preghiere e le elemosine. Che se tutti questi atti non potessero essere eseguiti anche dagli ipocriti, non avrebbe detto in precedenza: Guardatevi dal praticare la vostra virtù davanti agli uomini per essere osservati da loro 222. Nel proporre tale insegnamento tiene presenti le tre pratiche: elemosina preghiera digiuno. Molti infatti distribuiscono ai poveri non per commiserazione ma per vanagloria; molti pregano o meglio sembra che preghino non perché tengono presente Dio, ma perché bramano di essere ammirati dagli uomini; e molti digiunano e ostentano un'astinenza che desta meraviglia a coloro ai quali questi usi sembrano difficili e degni di onore. E con tali astuzie li attirano, mentre ostentano un aspetto per ingannare, e ne mostrano un altro per derubare e uccidere coloro che non riescono a scoprire i lupi coperti col pelame di pecore. Non sono dunque questi i frutti da cui il Signore esorta a riconoscere l'albero. Se essi si

compiono con buona intenzione secondo verità sono il pelame proprio delle pecore; se con intenzione cattiva nell'errore, servono soltanto a coprire i lupi. Ma non per questo le pecore debbono odiare il proprio pelame per il fatto che spesso vi si dissimulano i lupi.

I frutti del bene e del male.

24. 81. L'Apostolo insegna quali sono i frutti, riconosciuti i quali, riconosciamo l'albero cattivo: Son ben note le opere della carne: fornicazione, impurità, libertinaggio, idolatria, stregoneria, inimicizie, discordia, gelosia, dissensi, eresie, fazioni, invidie, ubriachezze, orge e cose del genere; circa queste cose vi preavviso, come già ho detto, che chi le commette non erediterà il regno di Dio. Ed egli di seguito insegna quali sono i frutti, dai quali possiamo riconoscere l'albero buono: Frutto dello spirito è invece amore, gioia, pace, pazienza, benevolenza, bontà, fedeltà, mitezza, dominio di sé 223. È opportuno riflettere che nel brano gioia è stata usata in senso proprio, poiché non si può dire con proprietà che i cattivi gioiscono ma che sono ebbri di gioia. Così precedentemente abbiamo parlato della volontà che in senso proprio non hanno i cattivi, come si rileva dalla frase: Quanto volete facciano gli uomini per voi, fatelo per loro 224. Secondo questa proprietà, per cui la gioia si dice soltanto dei buoni,

anche il profeta afferma: Non c'è gioia per i malvagi, dice il Signore 225. Così la fede, di cui si è parlato, certamente non una fede qualunque ma la vera fede, e gli altri concetti, di cui si è parlato, hanno una certa apparenza negli uomini cattivi e impostori, sicché ingannano se l'altro non ha ormai l'occhio puro e sincero, con cui è consapevole di questi fatti. Quindi con un'ottima sequenza si è trattato prima della purificazione dell'occhio e poi sono state esposte le evenienze da cui esimersi.

La volontà del Padre.

25. 82. Ma poiché, sebbene ognuno possa avere l'occhio puro, cioè vivere con sincerità e semplicità di cuore, tuttavia non può raffigurarsi il cuore dell'altro, si palesa dalle tentazioni quanto non potrà essere esperibile dalle azioni e dalle parole. E duplice è la tentazione: o nella speranza di conseguire un vantaggio nel tempo o nell'angoscia di perderlo. E dobbiamo evitare che nel tendere alla saggezza, la quale si può conseguire soltanto in Cristo, nel quale sono nascosti tutti i tesori della saggezza e della scienza 226, dobbiamo evitare dunque di essere ingannati, nel nome stesso di Cristo, da eretici, da tutti coloro che male interpretano e dagli amatori di questo mondo. Perciò continua con l'ammonire: Non chiunque mi dice: Signore, Signore, entrerà nel regno dei cieli, ma colui che fa la volontà del Padre mio,

che è nei cieli, egli entrerà nel regno dei cieli 227. Non dobbiamo quindi pensare che è già di spettanza di quei frutti se qualcuno dice a nostro Signore: Signore, Signore e non per questo a noi deve sembrare un albero buono. Ma questi sono i frutti: eseguire la volontà del Padre che è nei cieli, perché per eseguirla Gesù si è degnato di offrirsi come modello.

Il dire in senso proprio e figurato.

25. 83. Ma giustamente può render perplessi come si accordi a questo ammaestramento quel che dice l'Apostolo: Nessuno che parla sotto l'azione dello Spirito di Dio può dire: Gesù è anatema; e nessuno può dire: Gesù è Signore, se non sotto l'azione dello Spirito Santo 228. In verità noi non possiamo dire che alcuni, i quali hanno lo Spirito Santo, non entreranno nel regno dei cieli, se persevereranno sino alla fine e non possiamo dire che hanno lo Spirito Santo quelli che dicono: Signore, Signore e tuttavia non entreranno nel regno dei cieli. In che senso dunque nessuno dice: Gesù è Signore, se non sotto l'azione dello Spirito Santo, se non perché l'Apostolo ha usato con proprietà la parola dice per indicare la volontà e l'intelligenza di chi dice? Invece il Signore ha usato in senso generico quella parola nel dire: Non chiunque mi dice: Signore, Signore, entrerà nel regno dei cieli 229. Sembra infatti che lo dice anche colui

che non vuole e non pensa quel che dice, ma lo dice con proprietà chi enunzia la propria volontà e il proprio pensiero col suono della voce. Allo stesso modo quello stato, che poco fa è stato indicato come gioia, è stato indicato in senso proprio, nei frutti dello Spirito, e non nel senso con cui in un altro passo lo ha indicato l'Apostolo stesso: Non gioisce dell'ingiustizia 230, come se si possa gioire dell'ingiustizia, dato che questa è altezzosità della coscienza che tripudia disordinatamente e non gioia; questa soltanto i buoni l'hanno. Dunque apparentemente dicono anche quelli che non comprendono con l'intelletto e non eseguiscono con la volontà quel che proferiscono, ma lo proferiscono soltanto con la voce; e in questo senso il Signore ha detto: Non chiunque mi dice: Signore, Signore, entrerà nel regno dei cieli. Invece lo dicono con verità e proprietà quelli, il cui discorso non discorda dalla volontà e dal pensiero; e con questo significato dice l'Apostolo: Nessuno può dire: Gesù è Signore, se non con l'azione dello Spirito Santo.

I cattivi e gli eventi prodigiosi.

25. 84. E attiene all'argomento soprattutto che non siamo ingannati, nel tendere alla conoscenza della verità rivelata, non solo dal nome di Cristo per l'influsso di coloro che ne hanno il nome e non le opere, ma anche da alcuni avvenimenti prodigiosi.

Sebbene il Signore li operò per coloro che non credevano, ammonì tuttavia che non ne fossimo tratti in errore supponendo che vi sia l'invisibile sapienza dell'alto dovunque noi scorgiamo un visibile evento meraviglioso. Quindi prosegue e dice: Molti mi diranno in quel giorno: Signore, Signore, non abbiamo noi profetato nel tuo nome e cacciato i dèmoni nel tuo nome e compiuto molti miracoli nel tuo nome? Io allora dirò a loro: Non vi ho mai conosciuti; allontanatevi da me, voi che compite azioni cattive 231. Dunque conosce soltanto chi compie buone azioni. E ha proibito perfino ai suoi discepoli di godere dei fatti meravigliosi, cioè che i dèmoni si fossero sottomessi a loro;ma godete, disse, che i vostri nomi sono scritti nel cielo 232, suppongo nella città di Gerusalemme che è nel cielo, in cui regneranno soltanto i virtuosi e i santi. Non sapete, dice l'Apostolo,che i malvagi non erediteranno il regno di Dio? 233

Eventi prodigiosi e verità.

25. 85. Ma qualcuno potrebbe obiettare che i malvagi non possono compiere quei prodigi e supporre che piuttosto mentiscono coloro che diranno: Nel tuo nome abbiamo profetato, cacciato i dèmoni e compiuto miracoli? Legga dunque quante opere meravigliose compirono i maghi dell'Egitto nell'opporsi al servo di Dio, Mosè 234. O se non vuol

leggere quel brano perché quelli non agirono nel nome di Cristo, legga quel che il Signore stesso dice dei falsi profeti: Allora se qualcuno vi dirà: Ecco, il Cristo è qui o è là, non ci credete. Verranno infatti falsi cristi e falsi profeti e faranno grandi portenti e miracoli così da indurre in errore anche gli eletti. Ecco ve l'ho predetto 235.

L'occhio puro e la pace.

25. 86. È dunque necessario l'occhio puro e schietto per trovare la via della saggezza che ingombrano i tanti inganni ed errori dei malvagi e perversi. Evitarli tutti significa giungere a una consapevole pace e all'immobile stabilità della saggezza. Si deve fortemente temere che nell'impegno di discutere e disputare uno non noti quel che da pochi si può notare, cioè che è trascurabile lo strepito di coloro che obiettano, se anche egli non sa porsi l'obiezione. Attiene al caso anche quel che dice l'Apostolo: Un servo del Signore non deve essere litigioso, ma mite con tutti, disposto ad apprendere, paziente, dolce nel riprendere gli oppositori nella speranza che Dio voglia loro concedere di convertirsi per conoscere la verità 236. Quindi dice il Signore: Beati gli operatori di pace perché saranno chiamati figli di Dio 237.

Edificare sulla pietra.

25. 87. Si deve riflettere attentamente con quale logicità che suggerisce il timore sia dedotta la conclusione di tutto il discorso. Quindi, dice il Signore, chiunque ascolta le mie parole e le mette in pratica è simile a un uomo saggio che ha costruito la sua casa sulla roccia 238. Infatti soltanto con la pratica uno rende effettivo quel che ascolta e pensa. E se Cristo è la pietra, come affermano molti testi della Sacra Scrittura 239, edifica in Cristo chi pone in atto quello che da lui ascolta. Cadde la pioggia, strariparono i fiumi, soffiarono i venti e si abbatterono su quella casa ed essa non cadde perché era costruita sulla roccia 240. L'uomo in parola quindi non teme le nuvolose superstizioni, perché non si può intendere diversamente la pioggia quando si usa a simbolo di un male; non teme le ciarle degli uomini che suppongo siano in analogia con i venti, ovvero il fiume di questa vita che scorre, per così dire, sulla terra con gli stimoli carnali. Chi si lascia condurre dal corso favorevole di queste tre evenienze è travolto dall'invertirsi del corso. Invece non teme nulla da esse chi ha la casa costruita sulla roccia, ossia chi non solo ascolta ma anche pratica la parola del Signore. E a tutti questi casi è subordinato con rischio chi la ascolta e non la pratica; non ha difatti un fondamento solido, ma ascoltando e non praticando costruisce la caduta. Quindi il Signore continua: E chiunque ascolta queste mie parole e non le mette in

pratica è simile a un uomo stolto che ha costruito la sua casa sulla sabbia. Cadde la pioggia, strariparono i fiumi, soffiarono i venti e si abbatterono su quella casa ed essa cadde e la sua rovina fu grande. Quando Gesù ebbe finito questi discorsi, le folle rimasero stupite del suo insegnamento; egli infatti insegnava loro come uno che ha autorità e non come i loro scribi 241. Quest'ultimo pensiero corrisponde a quello, di cui precedentemente ho detto che dal profeta è stato espresso nel salmi, quando ha detto: Io mi affiderò con fiducia a lui. I detti del Signore sono puri, argento raffinato nel crogiuolo, purificato sette volte 242. Sul fondamento di questo numero ho preso la decisione di riferire anche questi insegnamenti alle massime che il Signore ha enunziato all'inizio di questo discorso, quando parlava delle beatitudini, e alle sette operazioni dello Spirito Santo che enumera il profeta Isaia 243. Ma se in esse sia da prendere in considerazione questa serie o un'altra, si deve mettere in pratica quel che abbiamo udito del Signore, se vogliamo costruire sulla pietra.

NOTE LIBRO 1

1 - Mt 7, 24-27.

2 - Mt 5, 1-2.

3 - Sal 35, 7.

4 - Cf. Mt 23, 8.

5 - Mt 5, 2.

6 - Mt 5, 3.

7 - Qo 1, 14.

8 - Sal 148, 8.

9 - 1 Cor 8, 2.

10 - Sir 1, 16; Sal 110, 10.

11 - Sir 10, 15.

12 - Mt 5, 3.

13 - Mt 5, 4.

14 - Sal 141, 6.

15 - Cf. Rm 12, 21.

16 - Mt 5, 4.

17 - Mt 5, 5.

18 - Mt 5, 6.

19 - Gv 4, 34.

20 - Gv 4, 14.

21 - Mt 5, 7.

22 - Mt 5, 8.

23 - Sap 1, 1.

24 - Mt 5, 9.

25 - Cf. Lc 2, 14.

26 - Cf. Gv 12, 21.

27 - Mt 5, 10.

28 - Mt 5, 11.

29 - Mt 5, 3.

30 - Mt 5, 4.

31 - Mt 5, 10.

32 - Rm 8, 35.

33 - Cf. Is 11, 2-3.

34 - Sir 1, 16; Sal 110, 10.

35 - Rm 11, 20.

36 - Is 64, 4; 1 Cor 2, 9.

37 - Mt 5, 11-12.

38 - Sal 44, 14.

39 - Rm 5, 3-5.

40 - Ab 2, 4; Rm 1, 17.

41 - Rm 13, 10.

42 - Cf. Col 1, 24.

43 - Gv 8, 48.

44 - Gv 7, 12.

45 - Mt 5, 12.

46 - Cf. 2 Pt 3, 13.

47 - Gn 3, 19.

48 - Fil 3, 20.

49 - 1 Cor 15, 53-54.

50 - Mt 5, 12.

51 - Mt 5, 13.

52 - Mt 5, 14.

53 - Mt 5, 15.

54 - 2 Cor 5, 10.

55 - Mt 7, 2.

56 - Gv 3, 34.

57 - 1 Cor 9, 26-27.

58 - Mt 5, 15.

59 - Mt 5, 14.

60 - Mt 5, 16.

61 - Gal 1, 10.

62 - Sal 52, 6.

63 - Gal 5, 26.

64 - Gal 6, 4.

65 - Mt 9, 8.

66 - Gal 1, 23-24.

67 - Mt 5, 17.

68 - Mt 5, 18.

69 - Mt 5, 19.

70 - Mt 5, 20.

71 - Mt 5, 21-22.

72 - Mt 5, 22.

73 - Mt 5, 23-24.

74 - Ef 4, 26.

75 - 1 Cor 3, 17.

76 - Ef 3, 16-17.

77 - Mt 5, 3.

78 - Mt 5, 25-26.

79 - Gv 5, 22.

80 - Mt 4, 11.

81 - Cf. 2 Tm 4, 11.

82 - Cf. Mt 8, 12; 22, 13; 25, 30.

83 - Mt 25, 23.

84 - Mt 5, 26.

85 - Gn 3, 19.

86 - Sal 109, 1.

87 - 1 Cor 15, 25.

88 - Cf. Rm 12, 18.

89 - Cf. 2 Cor 5, 10.

90 - Cf. Lc 15, 7.

91 - Gc 4, 6.

92 - Sir 10, 14-15.

93 - Rm 5, 10.

94 - Gv 5, 22.

95 - Sal 138, 8-10.

96 - Mt 5, 4.

97 - Mt 5, 27-28.

98 - Cf. Mt 5, 17.

99 - Cf. Gn 3, 1-7; 2 Cor 11, 3.

100 - Cf. 1 Cor 11, 3.

101 - Mc 5, 41.

102 - Lc 7, 14.

103 - Gv 11, 33. 35. 43.

104 - Cf. Ez 16, 15-22; Os 4, 11-12; Col 3, 5.

105 - Rm 7, 24-25.

106 - Mt 5, 5.

107 - Mt 5, 29.

108 - Mt 5, 30.

109 - Dt 24, 1; Mt 5, 31.

110 - Mt 5, 32.

111 - Mt 19, 8.

112 - Cf. Rm 7, 2.

113 - 1 Cor 7, 10-11.

114 - 1 Cor 7, 29.

115 - Lc 14, 26.

116 - Mt 11, 12.

117 - Cf. Mt 12, 49.

118 - Gal 3, 28; Col 3, 11.

119 - Mt 22, 30.

120 - Cf. 1 Cor 15, 53.

121 - Cf. Lc 14, 26.

122 - Mt 23, 9.

123 - Cf. Gal 4, 26.

124 - Cf. Mt 23, 8.

125 - Cf. 2 Cor 11, 2.

126 - Cf. 1 Cor 7, 3-6.

127 - Cf. 1 Cor 7, 29.

128 - Lc 14, 26.

129 - Mt 6, 25.

130 - Cf. Gv 10, 15.

131 - 1 Cor 7, 10-11.

132 - 1 Cor 7, 11.

133 - Gv 8, 3-11.

134 - Cf. 1 Cor 7, 39.

135 - 1 Cor 7, 4.

136 - 1 Cor 7, 12.

137 - 1 Cor 7, 12-13.

138 - Cf. 1 Cor 7, 25-28.

139 - 1 Cor 7, 6.

140 - 1 Cor 7, 12.

141 - 1 Cor 7, 14.

142 - 1 Cor 7, 14.

143 - Lc 10, 35.

144 - Rm 2, 1.

145 - Mt 5, 32.

146 - Cf. 1 Cor 7, 11.

147 - Cf. (di Abramo e Sarai) Gn 16, 1-3.

148 - 1 Cor 7, 4.

149 - Mt 5, 33-37.

150 - Gal 1, 20.

151 - 1 Cor 11, 31.

152 - Rm 1, 9-10.

153 - 1 Cor 15, 31.

154 - Mt 5, 37.

155 - Mt 6, 13.

156 - Mt 5, 34-36.

157 - Mt 5, 33; Es 20, 7; Lv 19, 12; Dt 5, 11.

158 - Mt 5, 34-35.

159 - Cf. Mt 23, 22.

160 - Mt 5, 35.

161 - Mt 5, 36.

162 - 1 Cor 15, 31.

163 - Cf. 1 Cor 2, 15.

164 - Gn 3, 19.

165 - Mt 5, 6.

166 - Mt 8, 38-42.

167 - Es 21, 24.

168 - Cf. Mt 5, 17.

169 - Mt 5, 39

170 - 2 Cor 11, 20-21.

171 - Cf. 2 Cor 12, 15.

172 - At 22, 25.

173 - At 23, 2-3.

174 - At 23, 4-5; Es 22, 28.

175 - Sal 56, 8.

176 - Gv 18, 23.

177 - Mt 5, 40.

178 - Mt 5, 41.

179 - Cf. Mt 5, 48.

180 - Mt 5, 44.

181 - Prv 3, 12.

182 - Lc 12, 47-48.

183 - Cf. 1 Re 18, 40.

184 - Cf. Lc 9, 54-55.

185 - Cf. Mt 19, 19.

186 - Cf. At 2, 1-4.

187 - Cf. At 5, 1-10.

188 - 1 Cor 5, 1-5.

189 - Cf. At. Thomae 6 e 8.

190 - Mt 5, 40.

191 - Mt 5, 41.

192 - 2 Cor 9, 7; Sir 35, 11.

193 - Mt 5, 43-48.

194 - Mt 5, 48.

195 - Cf. Mt 5, 17.

196 - Dt 7, 2.

197 - Sal 68, 23.

198 - Sal 108, 9.

199 - Rm 12, 14.

200 - Cf. Mt 11, 20-24; Lc 10, 13-16.

201 - 2 Tm 4, 14.

202 - At 23, 3

203 - Cf. Sal 2, 1.

204 - Sal 21, 19.

205 - 1 Gv 5, 16.

206 - Cf. Mt 5, 44.

207 - 1 Cor 7, 14.

208 - 1 Cor 7, 15.

209 - Lc 23, 34.

210 - Cf. At 7, 59-60.

211 - 2 Tm 4, 14-16.

212 - Cf. Mt 26, 47-50.

213 - Cf. Mt 26, 69-75.

214 - Cf. Lc 17, 3-4.

215 - Cf. Mt 27, 3-5.

216 - Mt 12, 31-32.

217 - Mt 10, 25; 12, 24.

218 - Mt 12, 32.

219 - Mt 12, 33.

220 - Rm 12, 14.

221 - Rm 12, 17.

222 - Cf. Sal 108, 6-19.

223 - Cf. 2 Tm 4, 14.

224 - Cf. Ap 6, 10.

225 - Cf. At 7, 59-60.

226 - Rm 6, 12.

227 - 1 Cor 9, 26-27.

228 - Mt 5, 45.

229 - Gv 1, 12.

230 - Cf. Rm 8, 17.

231 - Mt 5, 45.

232 - Sap 7, 26.

233 - Ml 4, 2.

234 - Sap 5, 6.

235 - Is 5, 6.

236 - Cf. Gn 1, 16.

237 - Os 6, 6.

238 - Mt 5, 7.

NOTE LIBRO 2

1 - Sal 33, 3.

2 - Mt 6, 1.

3 - Mt 5, 14-16.

4 - Mt 6, 1.

5 - Gal 1, 10.

6 - 1 Cor 10, 32-33.

7 - Fil 4, 17.

8 - Mt 6, 1.

9 - Mt 6, 2.

10 - Mt 6, 2.

11 - Mt 7, 23.

12 - Mt 6, 3.

13 - Cf. At 3, 1-8.

14 - Rm 12, 20.

15 - Cf. 1 Cor 7, 14.

16 - Mt 6, 1.

17 - Mt 6, 2.

18 - Mt 6, 3.

19 - Mt 6, 4.

20 - Cf. Mt 6, 24.

21 - Mt 6, 4.

22 - Mt 6, 5.

23 - Mt 6, 6.

24 - Sal 4, 5.

25 - Mt 6, 6.

26 - Cf. Mt 6, 2-4.

27 - Mt 6, 7.

28 - Mt 6, 8.

29 - Mt 6, 9-13.

30 - Is 1, 2.

31 - Sal 81, 6-7.

32 - Ml 1, 6.

33 - Gv 1, 12.

34 - Gal 4, 1.

35 - Rm 8, 15.

36 - Cf. Rm 8, 17 e 23.

37 - Mt 6, 9.

38 - Sal 33, 19.

39 - Gn 3, 19.

40 - 1 Cor 3, 17.

41 - Cf. Rm 8, 5.

42 - 1 Cor 3, 17.

43 - Mt 6, 9.

44 - Sal 75, 2.

45 - Mt 6, 10.

46 - Gv 6, 45; Is 54, 13; Ger 31, 33-34; 1 Ts 4, 9.

47 - Mt 22, 30.

48 - Mt 6, 10.

49 - Lc 2, 14.

50 - Gv 4, 34.

51 - Gv 5, 30; 6, 38; Mt 26, 39.

52 - Mt 12, 49-50.

53 - Mt 6, 10.

54 - Cf. Mt 25, 32-33.

55 - Rm 7, 25.

56 - Cf. 1 Cor 15, 53-54.

57 - Rm 7, 18.

58 - Mt 6, 10.

59 - Mt 6, 11.

60 - Mt 6, 34.

61 - Gv 6, 27.

62 - Gv 6, 41.

63 - Lc 12, 22.

64 - Cf. Mt 6, 6.

65 - Mt 6, 33.

66 - Gv 6, 27.

67 - Eb 3, 13.

68 - Sal 94, 8.

69 - Mt 6, 11

70 - Mt 6, 12.

71 - Mt 5, 26.

72 - Cf. Lc 13, 1.

73 - Lc 13, 5.

74 - Mt 5, 40.

75 - 2 Tm 2, 24.

76 - Mt 6, 12.

77 - Cf. Mt 5, 44.

78 - Mt 6, 13.

79 - Sir 34, 9. 11

80 - Gal 4,14.

81 - Dt 13, 3.

82 - Gv 6, 6.

83 - Cf. Gv 6, 7-13.

84 - Sir 27, 6.

85 - Cf. Gn 19 , 7-12.

86 - Cf. Dn 13, 19-23.

87 - Cf. Gb 1, 9-12.

88 - Is 66, 1.

89 - Mt 5, 34-35.

90 - Cf. Gb 1, 7.

91 - Rm 2, 14-16.

92 - Cf. Gb 1, 8; 2, 3.

93 - Lc 12, 20.

94 - Lc 22, 31.

95 - Lc 22, 32.

96 - Cf. Mt 26, 14-16 e 50.

97 - Cf. Mt 26, 69-75.

98 - 1 Cor 10, 13.

99 - Mt 6, 13.

100 - Cf. Gn 3, 4-5 e 13.

101 - Rm 8, 24.

102 - Mt 6, 11.

103 - Sal 30, 21.

104 - Cf. Mt 5, 3-9. 6, 9-13; Is 11, 2-3.

105 - Mt 25, 34.

106 - Sal 33, 3.

107 - Rm 7, 13.

108 - Rm 7, 24.

109 - Mt 6, 14-15.

110 - Mt 6, 16-18.

111 - Mt 7, 15-16.

112 - Mt 6, 17-18.

113 - Ef 5, 29.

114 - Cf. 1 Cor 11, 3.

115 - Is 1, 16.

116 - 2 Cor 3, 18.

117 - Cf. Sal 118, 36.

118 - 1 Tm 1, 5.

119 - Mt 6, 19-21.

120 - Sal 113, 16.

121 - Mt 24, 35.

122 - Mt 6, 22-23.

123 - Rm 13, 10.

124 - Col 3, 5.

125 - Ef 5, 13.

126 - Mt 6, 23.

127 - Mt 6, 24.

128 - Cf. ORIGENE, fr. 129 in Mt.

129 - Gv 12, 31; 14, 30.

130 - Sir 5 , 5-6.

131 - Cf. Rm 11, 17-20.

132 - Mt 6, 25.

133 - Mt 6, 25.

134 - Gv 12, 35.

135 - Mt 16, 26.

136 - Mt 6, 26.

137 - Mt 6, 27-28.

138 - Mt 6, 28-30.

139 - Cf. Lc 18, 2-5.

140 - Mt 6, 31-33.

141 - Cf. 1 Cor 9, 12-14.

142 - Cf. At 20, 34.

143 - 2 Cor 11, 12.

144 - 1 Cor 9, 13-15.

145 - 1 Cor 9, 15.

146 - Cf. 2 Cor 11, 12.

147 - 1 Cor 9, 16.

148 - 1 Cor 9, 16.

149 - 1 Cor 9, 17.

150 - Cf. 1 Cor 4, 1.

151 - 1 Cor 4, 2.

152 - Mt 6, 33.

153 - Mt 6, 32-33.

154 - Cf. Mt 6, 24.

155 - Mt 6, 34.

156 - Cf. Mt 6, 32.

157 - Mt 6, 34.

158 - Cf. Mt 4, 11.

159 - Cf. Gv 12, 6.

160 - 1 Cor 16, 1-8.

161 - At 11, 27-30.

162 - Cf. At 28, 10.

163 - Ef 4, 28.

164 - Mt 6, 26.

165 - Mt 6, 28.

166 - Cf. At 20, 34.

167 - Cf. 1 Ts 2, 9.

168 - Cf. At 18, 2-3.

169 - Rm 5, 3-5.

170 - Cf. 2 Cor 11, 23-27.

171 - Mt 6, 33.

172 - Mt 7, 1-2.

173 - Mt 7, 16.

174 - 1 Cor 5, 12.

175 - Rm 14, 3-4.

176 - 1 Cor 4, 5.

177 - 1 Tm 5, 24.

178 - 1 Tm 5, 25.

179 - Mt 7, 1.

180 - Mt 7, 2.

181 - Mt 26, 52.

182 - Cf. Lc 23, 32-43.

183 - Mt 7, 3.

184 - Mt 7, 4-5.

185 - 1 Cor 9, 20-22.

186 - 1 Cor 9, 19.

187 - Gal 5, 13.

188 - Cf. Ct 4, 1.

189 - Cf. Ef 5, 27.

190 - Mt 7, 6.

191 - Gv 16, 12.

192 - 1 Cor 3, 1-2.

193 - Mt 7, 6.

194 - Mt 7, 6.

195 - Mt 22, 23-30; Mc 12, 18-25; Lc 20, 27-36.

196 - Mt 22, 15-21.

197 - Mt 21, 23-27.

198 - Cf. Gv 1, 19-27.

199 - Mt 7, 7-8.

200 - Mt 7, 8.

201 - Cf. Mt 6, 26-31

202 - Mt 7, 9-11.

203 - Sal 23, 1.

204 - Sal 145, 6.

205 - Mt 7, 12.

206 - Mt 22, 40.

207 - Mt 7, 12.

208 - Mt 22, 39-40.

209 - Mt 5, 8.

210 - Cf. Prv 3, 18.

211 - Mt 7, 13-14.

212 - Mt 11, 28-30.

213 - Cf. Mt 5, 3-4.

214 - Mt 7, 15.

215 - Mt 7, 16-20.

216 - Mt 7, 18.

217 - Mt 12, 33.

218 - Mt 12, 34.

219 - Mt 23, 3.

220 - Mt 23, 2.

221 - Ger 12, 13.

222 - Mt 6, 1.

223 - Gal 5, 19-23.

224 - Mt 7, 12.

225 - Is 48, 22.

226 - Col 2, 3.

227 - Mt 7, 21.

228 - 1 Cor 12, 3.

229 - Mt 7, 21.

230 - 1 Cor 13, 6.

231 - Mt 7, 22-23.

232 - Lc 10, 20.

233 - 1 Cor 6, 9.

234 - Cf. Es 7, 11-22.

235 - Mt 24, 22-23.

236 - 2 Tm 24, 25.

237 - Mt 5, 9.

238 - Mt 7, 24.

239 - Ad es. 1 Cor 10, 4.

240 - Mt 7, 25.

241 - Mt 7, 26-29.

242 - Sal 11, 6-7.

243 - Cf. Mt 5, 3-9; Is 11, 2-3.

CERCA LE ALTRE OPERE DI SANT'AGOSTINO SU
LIMOVIA.NET

GRAZIE!

LIMOVIA.NET